A urgência de ser
FELIZ

CARO(A) LEITOR(A),
Queremos saber sua opinião sobre nossos livros.
Após a leitura, siga-nos no linkedin.com/company/editora-gente,
no TikTok @editoragente e no Instagram @editoragente
e visite-nos no site www.editoragente.com.br.
Cadastre-se e contribua com sugestões, críticas ou elogios.

SABRINA DOURADO

PREFÁCIO DE ANA LISBOA

A urgência de ser
FELIZ

Fortaleça a imunidade emocional e tenha uma vida descomplicada e próspera

Diretora
Rosely Boschini

Gerente Editorial Sênior
Rosângela de Araujo Pinheiro Barbosa

Editora
Juliana Fortunato

Assistente Editorial
Camila Gabarrão

Produção Gráfica
Leandro Kulaif

Preparação
Amanda Oliveira

Capa
Vanessa Marine

Projeto Gráfico e Diagramação
Renata Zucchini

Revisão
Débora Spanamberg Wink
Bianca Maria Moreira

Impressão
Bartira

Copyright © 2025 by Sabrina Dourado
Todos os direitos desta edição
são reservados à Editora Gente.
R. Dep. Lacerda Franco, 300 – Pinheiros
São Paulo, SP – CEP 05418-000
Telefone: (11) 3670-2500
Site: www.editoragente.com.br
E-mail: gente@editoragente.com.br

Todas as citações bíblicas foram padronizadas de acordo com a Bíblia Nova Versão Internacional (NVI).

Dados Internacionais de Catalogação na Publicação (CIP)
Angélica Ilacqua CRB-8/7057

Dourado, Sabrina
  A urgência de ser feliz : fortaleça a imunidade emocional e tenha uma vida descomplicada e próspera / Sabrina Dourado. - São Paulo : Editora Gente, 2025.
  176 p.

ISBN 978-65-5544-596-1

1. Desenvolvimento pessoal 2. Felicidade I. Título

25-0972   CDD 158.1

Índices para catálogo sistemático:
1. Desenvolvimento pessoal

NOTA DA PUBLISHER

Vivemos tempos desafiadores – isso não é novidade. Apesar dos avanços tecnológicos e das oportunidades que a modernidade nos oferece, nunca estivemos tão sobrecarregados, ansiosos e desconectados de nós mesmos. A busca incessante por sucesso e reconhecimento tem levado muitas pessoas a um estado de esgotamento emocional no qual a felicidade parece sempre estar condicionada ao próximo objetivo, ao próximo marco.

Foi essa inquietação que me fez enxergar o poder transformador deste livro. *A urgência de ser feliz* nasce da trajetória intensa e apaixonada de Sabrina Dourado, uma profissional brilhante que alia profundos conhecimentos sobre comportamento humano à experiência real de quem já enfrentou inúmeros desafios e descobriu, na prática, como reverter padrões de infelicidade. Sabrina é uma baiana comunicativa e poderosa, que realmente faz acontecer, por isso não conseguiu ignorar seu chamado e se especializou em desenvolvimento humano, criou um método completo e ajudou milhares de pessoas a ressignificarem as próprias histórias e construírem vidas mais plenas.

Ao longo destas páginas, você encontrará ferramentas práticas para abandonar o piloto automático e retomar o protagonismo de sua vida. Com uma abordagem acolhedora e assertiva, Sabrina nos conduz por temas essenciais, como autoconhecimento, resiliência emocional, autoestima e espiritualidade, sempre com um objetivo claro: não dá para esperar mais.

Se você sente que a vida tem passado rápido demais, que sua rotina consome mais do que entrega ou que a verdadeira satisfação parece sempre escapar, este livro é para você. Abra estas páginas com coragem, permita-se questionar o que não faz mais sentido e descubra como acessar a melhor e mais vibrante versão de você mesmo. A felicidade é um caminho que começa agora.

ROSELY BOSCHINI • CEO e Publisher da Editora Gente

*Dedico este livro ao meu amado esposo,
Cristiano, incansável incentivador e companheiro.
Dedico-o também aos nossos filhos,
Guilherme e Henrique, que são frutos do nosso amor
e da nossa união eterna.*

AGRADECIMENTOS

A jornada de escrever este livro foi profundamente marcada pelo apoio e pela presença incondicional de pessoas especiais que caminharam ao meu lado a cada passo.

Primeiramente, agradeço ao meu esposo, Cristiano Brandão, pelo amor, pelo companheirismo e por estar ao meu lado em todos os momentos, celebrando cada conquista e me apoiando a cada desafio. Aos nossos filhos, Gui e Henrique, por serem a luz dos meus dias e por me inspirarem a ser sempre melhor.

A minha gratidão eterna a Deus, pela infinita sabedoria d'Ele, pela nossa conexão única e, acima de tudo, por me proporcionar o dom precioso da vida, o que torna possível cada uma das experiências que compartilho neste livro.

Aos meus pais, irmãos, cunhados e sobrinhos, o meu "muito obrigada" por todo apoio e carinho. Vocês são a minha base, a minha força e a minha alegria. Agradeço também a todos os meus professores da vida, que me ensinaram lições valiosas que carrego até hoje.

Não poderia deixar de expressar a minha gratidão à Rosely Boschini, pela genialidade, pela pulsação de vida e pelo talento na condução da Editora Gente. A visão e a dedicação dela fizeram toda a diferença na realização deste projeto. E ao time da editora envolvido em cada etapa do processo, o meu profundo agradecimento pelo cuidado, pelo amor e pelo profissionalismo magistral que transparece em cada detalhe desta obra.

Por fim, agradeço a cada leitor que disse "sim" a este livro. É por você e para você que estas páginas foram escritas. Que cada palavra toque o seu coração e inspire você a viver de maneira intensa e a ser urgentemente feliz.

Obrigada por permitir que este livro faça parte da sua jornada.

SUMÁRIO

12 · Prefácio

16 · Introdução

24 · Capítulo 1
O vazio e a fragilidade
que nos afligem

34 · Capítulo 2
Não é normal ser infeliz

42 · Capítulo 3
Ser feliz é urgente

46 · Capítulo 4
Conhece-te a ti mesmo

66 · Capítulo 5
Domine a arte de ser você

80 · Capítulo 6
Controle as suas crenças
e os seus sabotadores

94 · Capítulo 7
Domine o medo e a ansiedade

104 · Capítulo 8
Cuide-se: autoestima na prática

116 · Capítulo 9
Desenvolva-se sem cessar e
relacione-se com sabedoria

130 · Capítulo 10
Aja hoje e prospere sempre

142 · Capítulo 11
Constância, resiliência e garra

150 · Capítulo 12
A sua fé é inabalável

156 · Capítulo 13
A arte de celebrar

164 · Capítulo 14
O direito de ser você

PREFÁCIO

PREFÁCIO

"Descobri que não há nada melhor para o homem do que ser feliz e praticar o bem enquanto vive."

– Eclesiastes 3:12[1]

A felicidade não é um destino, tampouco um prêmio reservado a quem cumpre todas as exigências da vida. A felicidade é uma decisão, um estado cultivado com fé, gana e verdade. E, sinceramente, poucas pessoas entendem essa urgência de viver plenamente como a Sabrina Dourado.

Conheci a Sabrina como muitos a reconhecem: determinada, brilhante, uma mulher de inteligência rara que por onde passa enche o ambiente. Acredite: isso tudo eu senti e percebi a distância.

Eu tinha 21 anos; via aquela professora dando aulas e inovando e pensava: "Eu quero ser professora. E quero ser assim: **feliz!**". Naquela época, o ensino a distância ainda era novidade no Brasil, e a Sabrina foi pioneira em transformar qualquer quarto ou cozinha em uma sala de aula. Eu estava no interior do Rio Grande do Sul, cheia de medos e dúvidas para fazer a tal "prova da OAB", e a Sabrina estava na Bahia. Assim começou nossa história.

Agora imagine: como transferir alegria em uma gravação? Como fazer quem você nem conhece se sentir feliz só de ver você? E o mais difícil: com um conteúdo jurídico e extremamente maçante. Pois, então, a Sabrina conseguia.

Para além dos títulos acadêmicos e das conquistas profissionais, existe nela algo que poucos têm: a ousadia de recomeçar. E foi essa ousadia que dez anos depois me fez conhecê-la pessoalmente, quando por um ato de coragem ela se desafiou a largar uma carreira

---

[1] BÍBLIA. Eclesiastes 3:12. Disponível em: https://www.bibliaon.com/versiculo/eclesiastes_3_12. Acesso em: 20 mar. 2025.

jurídica consolidada e sair da terra natal, a Bahia, levando o marido, os filhos e um propósito inabalável: transformar vidas.

Sabrina enfrentou desafios que teriam feito muitos desistirem. Desde menina, soube o que era carregar responsabilidades e ajudar a família. Cresceu aprendendo que sonhos não se realizam no conforto, e sim na entrega. Ao longo dessa trajetória, rompeu dores transgeracionais, ressignificou traumas e encontrou na terapia e na fé a chave para uma felicidade que não se negocia.

Hoje, eu vejo a grandeza dos planos de Deus para Sabrina e posso assistir às aulas dela na UniAltis,[2] da qual ela também faz parte. Em todos os lugares em que está, seja lecionando, seja direcionando pessoas no próprio Instituto, ela ensina aquilo que viveu na pele: a necessidade de romper padrões, fortalecer a imunidade emocional e atender à urgência de ser, finalmente, feliz.

Neste manual de vida, Sabrina nos conduz por uma jornada profunda de autodescoberta, libertação emocional e transformação prática. Quantas vezes você já acreditou que a felicidade só chegará quando conquistar algo específico? Quando tiver mais dinheiro, um relacionamento estável, o trabalho dos sonhos? No entanto, a grande revelação deste livro é que a felicidade não está no próximo degrau da escada, porque ela está aqui, agora, no modo como você escolhe viver cada dia.

Com base em neurociência, espiritualidade e terapia sistêmica, Sabrina nos guia para encontrar respostas para questões essenciais: por que tantas pessoas se sentem vazias, mesmo tendo "tudo"? Como fortalecer a imunidade emocional e viver uma vida mais leve? O que nos impede de sermos felizes agora e como podemos mudar essa realidade?

Cada capítulo é uma peça do quebra-cabeça da vida, no qual veremos que a felicidade não é algo a ser esperado, e sim cultivado. E o primeiro passo para isso é conhecer a si mesmo.

---

[2] A primeira universidade do Brasil 100% focada em saúde mental integrativa.

Em um dos momentos mais marcantes da obra, a Sabrina compartilha um episódio da própria história que a fez repensar a vida. Grávida de oito meses, imersa na rotina intensa de trabalho, ela ignorou os sinais do próprio corpo até que um alerta se tornou inegável: o bebê não se movia há horas. O diagnóstico claro foi um divisor de águas. Aquele dia simbolizou o que tantas pessoas vivem: a negligência das próprias necessidades em nome das obrigações externas.

A partir dessa reflexão, vem um segundo ponto crucial: **a infelicidade não é normal**. Eu sei que fomos condicionados a acreditar que o desânimo, a sobrecarga e o vazio são parte inevitável da vida adulta. Mas a Sabrina nos mostra que isso não é verdade. Ser feliz é urgente. Não amanhã, não quando as circunstâncias forem perfeitas: hoje!

Outro ponto essencial que Sabrina aborda é a espiritualidade como base para uma vida emocionalmente equilibrada. A fé é um pilar fundamental na construção da felicidade. Independentemente de crenças específicas, reconectar-se com algo maior traz paz, direção e propósito. A felicidade não vem das circunstâncias externas, mas de como escolhemos viver.

A procrastinação da felicidade é um dos maiores erros que cometemos. Passamos a vida esperando o momento certo para viver plenamente, mas e se ele nunca chegar? A urgência de ser feliz não é um exagero. É uma necessidade real, e este livro é um chamado para o seu despertar.

Se você chegou até aqui, significa que algo dentro de você anseia por mudança, então aceite este convite. Leia estas páginas com a mente aberta e o coração disposto. Este é o momento de escolher a felicidade. O momento de escolher viver.

Você está vivo? Quem é vivo tem pressa!

Com amor,

ANA LISBOA • Psicanalista e CEO do Grupo Altis

INTRODUÇÃO

Viver é raro, e ser feliz é urgente.
Você é feliz? O que é necessário para que você sinta felicidade? Você reconhece a grandiosidade de estar vivendo? É fácil ou difícil para você perceber a riqueza de poder viver? Essas são perguntas tão importantes que eu diria até que são fundamentais.

Certo dia, tomando um café e apreciando a vista da janela do meu escritório, me percebi refletindo e concluindo que as pessoas estão cada vez mais infelizes. Muitas delas apenas sobrevivem; acordam exaustas, mal se alimentam, enfrentam o trânsito pesado, trabalham insatisfeitas por horas a fio e, como se não bastasse, retornam para casa perdidas. Passam boa parte do tempo conectadas às redes sociais e fomentando pensamentos e sentimentos ruins que as têm adoecido de modo letal. A grande dúvida é: o que está acontecendo? Estamos vivendo ou apenas sobrevivendo?

Na vastidão do tempo e no pequeno instante que nos é concedido para aproveitá-lo, há uma verdade incontestável: viver é raro. Internalize isso. É preciso alertar você desde já: não temos tanto tempo. Nesta jornada efêmera, na qual cada respiração é uma dança delicada entre o nascimento e a despedida, nos erguemos diante da urgência suprema de sermos felizes.

Em um mundo que muitas vezes parece girar em um ritmo vertiginoso, é fácil perder de vista o verdadeiro significado da vida. Entre as demandas do dia a dia e as expectativas impostas pela sociedade, é fácil cair na armadilha de apenas sobreviver em vez de verdadeiramente viver. No entanto, há uma diferença profunda entre existir e realmente aproveitar cada respiração, cada momento, cada experiência que a vida nos oferece.

Eu nasci na cidade de Irecê, na Bahia, que é conhecida como a terra do feijão. Quando eu tinha 10 anos, a minha família se mudou para Salvador, a capital. Os meus pais consideravam que estudar era inegociável. Como na nossa cidade natal não tínhamos tantas opções de estudo, essa era uma dor para os dois, especialmente porque eles mesmos não conseguiram concluir os estudos.

Iniciei a minha jornada de trabalho aos 11 anos, ajudando o meu pai no comércio de materiais de construção que ele montou na capital. Aos 16, comecei a ministrar aulas particulares de reforço escolar. Para isso, eu precisava usar mais de doze conduções diárias ao me deslocar até a residência dos alunos, e assim subia e descia as ladeiras da capital baiana.

Eu ainda tinha muitas dúvidas entre a Psicologia e o Direito quando, aos 17 anos, iniciei a graduação em Direito. Aos 21, já formada, fui aprovada em uma seleção para professora universitária. Fiz inúmeras especializações e um mestrado, ministrei aulas em todo o Brasil e me tornei uma professora e autora reconhecida – publiquei mais de quinze livros com autoria própria ou em coautoria.

Sempre querendo mais, participei de formações nacionais e internacionais em coaching, em programação neurolinguística (PNL) e em constelação familiar. Recentemente, concluí uma pós-graduação em Psicologia, Mindfulness e Neurociência. Pois é! A psicologia sempre foi uma paixão.

Comecei os meus estudos de emoções, comportamento humano e felicidade aos 13 anos. É isso mesmo. Naquela época, após a mudança para a capital do estado, e diante de inúmeras adaptações e desafios, a minha mãe foi diagnosticada com depressão e síndrome do pânico. Como primogênita e uma menina sempre preocupada com os meus, fui tomada por uma inquietação gigante para

A urgência de ser feliz

conhecer mais do assunto. Foi naquele momento que comecei a estudar o tema e não parei um só dia.

Nessa busca, adquiri há mais de duas décadas o livro *Abaixo a depressão*, de Susan Tanner e Jillian Ball.[3] Eu queria entender quais razões teriam sido cruciais para que a minha mãe chegasse àquele estado. Durante a leitura, encontrei algumas das respostas que buscava, o que foi fundamental para que eu começasse a estudar o assunto com afinco e entender melhor o que se passava com a minha mãe e como funcionava a mente humana.

Mesmo tendo me graduado em Direito e feito uma carreira longa e satisfatória nessa área, a minha busca incansável sempre envolveu estudar e entender a vida, as emoções, os comportamentos humanos e, em especial, a felicidade. Será uma delícia partilhar com você tudo que aprendi desde então.

Escrevo esta obra como um convite para explorarmos juntos os recantos da existência, onde a raridade da vida se encontra entrelaçada com a imperiosa necessidade de abraçar a felicidade como se fosse um breve mas potente raio de sol, capaz de iluminar os dias mais sombrios. Neste livro, mergulharemos nas profundezas da condição humana, desvendando mistérios, expondo verdades cruas e celebrando a beleza efêmera que é a própria essência da vida. Prepare-se para uma jornada que transcende o comum, pois você descobrirá que a raridade da existência é o solo fértil no qual floresce a urgência de ser feliz.

Ao longo destas páginas, vamos nos aprofundar no milagre de estarmos vivos, refletir sobre a fragilidade e a preciosidade da existência humana e entender como é essencial internalizar essa consciência. Precisamos ter em mente que viver não é apenas respirar e ocupar espaço neste planeta, é também absorver cada momento

---

[3] TANNER, S.; BALL, J. **Abaixo a depressão**. Curitiba: Fundamento, 2004.

com gratidão, encontrar significado nas pequenas coisas e abraçar a jornada com todo o nosso ser.

Não podemos perder mais tempo. Pessoas ao seu redor, no seu convívio, ou até mesmo você, podem estar imersas no caos emocional que tem limitado a nossa linda existência. A vida é extraordinária. O que tem impedido você de acessar a magnitude da vida? Faremos um intenso movimento para despertarmos, acessarmos a felicidade real e mudarmos a nossa história e a história das futuras gerações.

Chega de tanta gente doente física, mental e espiritualmente! Muitas vezes, parece até que não temos mais saída, não é mesmo? No entanto, você vai entender que temos, sim, e vai aprender como chegar até ela. Quando mudamos algo em nós, a diferença se reflete imediatamente em todo o nosso sistema familiar.

Mas faço um aviso: quando digo que é possível, não estou garantindo que será fácil. Aqui, não vamos usar os artifícios da positividade tóxica, vamos falar de mudar na vida real, entende? VIDA. **Há vida em você**.

Com a aplicação do método que desenvolvi ao longo da minha carreira e que já foi testado e validado por milhares de pessoas, você será capaz de se conhecer de uma maneira única e mapear o que tanto distanciou você da sua verdadeira essência e enxergar onde o seu caminho se desviou. Ao fim, vai dominar a incrível arte de ser você, seguro do poder de encarar os dons e talentos únicos que só você tem.

Nesse caminho, trataremos do vazio e da fragilidade, além da questão tão pungente da crise de identidade, que assola tantos de nós e nos faz acreditar que não somos merecedores, que não podemos ser quem realmente somos em essência e em potência.

Chega de não se gostar. Chega de sentir vazio existencial. Você não é um acidente e não está aqui por qualquer razão.

A urgência de ser feliz

Você pode não perceber, mas repete padrões. Sem se dar conta, está preso a dogmas e padrões do seu sistema familiar que limitam as suas atitudes e escolhas e geram uma carga imensurável de sofrimento. Se você não se percebe como alguém que tem **direito** de ser você, de ter prosperidade, realização e **felicidade**, isso vai mudar. Não podemos ignorar a urgência de ser feliz.

Em um momento em que o tempo parece correr mais rápido do que nunca, não podemos mais adiar a nossa busca pela felicidade. Não podemos mais nos contentar em esperar pelo próximo ano, pelo próximo marco ou pela próxima conquista material. A felicidade não é um destino distante a ser alcançado no futuro, é uma jornada que devemos abraçar com vigor e determinação agora mesmo.

Já quero adiantar mais uma coisa: **não é normal ser infeliz**. Já de início, vamos fazer uma linda e gostosa viagem interna. Vamos eliminar o que não faz mais sentido e tem gerado tanta densidade e rigidez e, por consequência, deixado você doente. Os dados do adoecimento generalizado são catastróficos em todo o mundo, e os índices no nosso país são assustadores, então o meu intuito é que não façamos parte dessas tristes estatísticas.

Pretendo, a cada linha, página e capítulo, convidar você a caminhar para o desenvolvimento daquilo que eu chamo de imunidade emocional. Prepare-se! Vou apresentar a você um passo a passo para a construção prática de uma base emocional sólida, que permitirá que você enfrente adversidades de maneira mais leve e equilibrada.

Sim, viver pode ser mais leve. Gosto sempre de lembrar meus mentorados: **o essencial é simples**, nós é que complicamos.

Ao longo deste livro, vamos explorar as maneiras pelas quais podemos diferenciar o simplesmente existir do verdadeiramente viver. Vamos desafiar as noções convencionais de sucesso e de felicidade para buscar, juntos, uma compreensão mais profunda do que

Introdução

realmente importa na vida. Para isso, vou apresentar os passos do método que desenvolvi ao longo de muitos anos e que vai tirar você desse piloto automático massacrante e da inação derrotista que só geram frustração e sensação de incapacidade. É hora de abraçar essa verdade e viver cada dia com propósito, paixão e alegria.

Vamos traçar uma jornada instigante para descomplicar o medo e a ansiedade, inimigos avassaladores. Vamos montar um mapa para que você se liberte de padrões de infelicidade e insucesso, e aqui há um ponto essencial: não nos resumiremos a conceitos e ideias, combinado? Vamos colocar a mão na massa para construir a mudança hoje.

Está na hora de você aprender a se conectar intensamente com a sua vida, que está pulsando neste exato momento. Está na hora de se conectar, de maneira profunda, com o Divino, com a natureza sábia d'Ele, para dominar esse medo limitante e essa ansiedade angustiante que paralisam e geram frustração. Está na hora de você se relacionar bem, fazer melhores escolhas na sua carreira e definir as mesas em que vai se sentar. Ambientes hostis, pessoas negativas, carreiras desalinhadas e emoções mal geridas são a base do que afeta você e o que devemos mudar. Avaliaremos todos esses pontos ao longo deste livro.

Alerta de spoiler! Se você chegar ao final desta obra, correrá o sério risco de ter uma vida descomplicada, com mais significado, prosperidade e felicidade. Vamos nessa? Será muito especial!

A vida pode
ser – e é mesmo –
uma delícia.

A urgência de ser feliz
@sabrinadourado

1.
O VAZIO E A FRAGILIDADE QUE NOS AFLIGEM

Era a manhã de 19 de junho de 2008. O despertador tocou, e eu me levantei às pressas. A aula que eu ia ministrar começava às 7 da manhã. Eu estava muito inchada. Busquei um sapato que coubesse nos meus pés, mas não encontrei. Só me restou calçar uma sandália. Eu estava atônita; ainda assim fui dar aula, pois era a reta final de preparação da turma para a realização do exame da Ordem dos Advogados do Brasil (OAB) daquele ano.

Na época, eu já era professora com projeção nacional, uma referência. Preparava alunos de todo Brasil para que se submetessem à prova da OAB com qualidade e segurança. Lotava auditórios por ensinar de maneira didática e leve. Já tinha me tornado autora best-seller reconhecida nacionalmente e, por isso, tinha a agenda lotada.

Naquele fatídico dia, eu não fui capaz de me dar conta de que algo muito errado estava acontecendo. Eu não me permitia parar e dizer: "Eu não estou bem. Preciso de ajuda!".

O detalhe que necessito destacar é que eu estava grávida de trinta e quatro semanas, esperando ansiosa a chegada do meu primogênito. Isso mesmo! Eu estava na metade do oitavo mês de gestação e fui dar aquela aula. Os alunos estavam me esperando ansiosos, e muitos deles tinham levado pacotes de fraldas para me presentear. A aula transcorreu de um jeito estranho. Ao mesmo tempo que eu passava o conteúdo com a dedicação de sempre, sentia que algo muito equivocado estava acontecendo comigo e com o Gui.

Por mais de três horas, ele não se mexeu. Ao final da aula, quando o meu esposo, Cristiano, foi me buscar, eu finalmente consegui dizer que precisávamos ir ao pronto-socorro. Ele tomou um susto enorme, mas não titubeou. Fomos imediatamente para o hospital.

Trânsito, apreensão, incerteza… uma aflição tomou conta de nós. Eu tinha a sensação de que a minha alma não estava no meu corpo. Naquela hora, de nada adiantava ser referência nacional e mestre em Direito por uma renomada instituição de ensino. Só havia espaço para o vazio gritante da incerteza e de um medo avassalador.

Demos entrada no plantão médico às pressas e fomos encaminhados de imediato para a sala de ultrassom. Acredito que aquele foi o exame mais longo da minha vida. Diversos profissionais entraram na sala, e um silêncio pesado tomou conta do lugar, até que uma das médicas pediu que aguardássemos o laudo na sala de espera. Foi desesperador. Sei que você pode imaginar.

Suávamos frio. Eu olhava para os meus pés inchados e me perguntava: "E agora?". Passados alguns minutos, a médica nos trouxe o laudo, que apontava sofrimento fetal e pré-eclâmpsia.[4] Naquele momento, eu tive a sensação de estar flutuando.

DESCONECTADOS DE NÓS MESMOS

Antes de contar o que aconteceu, preciso partilhar um questionamento. Que razões nos levam a viver um modelo de sobrevivência que é tão sofrido? O que estamos buscando nessa velocidade galopante? Estamos em busca de algo que nem sabemos o que é. Sou uma entusiasta de resultados, uma executora nata, mas, desde que quase perdi a minha vida e a do meu filho, me dei conta do vazio que me assolava. Eu vivia em uma busca sem fim e sem propósito.

---

[4] A pré-eclâmpsia é uma condição caracterizada por pressão arterial elevada e presença de proteínas na urina. Ela pode afetar tanto a mãe quanto o bebê e desencadear complicações sérias, como a eclâmpsia, que pode causar convulsões. (N.E.)

> **Somos tão frágeis. Somos instantes. Que razões nos impedem de nos darmos conta disso? Estamos buscando melhores posições, cargos, patentes, novas conquistas financeiras, reconhecimentos sociais – mas nos esquecemos de nosso verdadeiro eu. Ficamos vazios. Parece que, a todo tempo, nos falta algo. Nada nos satisfaz. O que nos impede de viver em plenitude?**

Há um vazio existencial generalizado. Arrisco dizer que estamos, em escala global, perdidos de nós. Vivemos em um padrão coletivo de insatisfação e busca infinita por algo que não pode ser encontrado fora de nós, mas insistimos. Nossas conquistas materiais são formidáveis – incríveis, na verdade –, mas, se não nos enchermos de nós, nada nos preencherá. Viveremos nessa busca infinita somada à insatisfação, à volatilidade das relações e a um padrão de projeção de que somente seremos felizes no próximo nível da nossa "escalada".

Essa jornada desenfreada pelo sucesso carrega um detalhe fundamental. Ao chegarmos ao tão esperado futuro, adivinhe: ele já perdeu a graça. Já estamos divagando sobre o novo, que logo se torna velho, obsoleto. Não há cabimento para tanto vazio, então o meu convite é para que nós criemos discernimento e sabedoria para sair desse padrão. Viver é, por si só, um bom motivo para estarmos plenos e cheios da vida que habita em nós.

Tenho a impressão de que nos perdemos da nossa essência. Por um longo período, eu me perdi de mim. Naquele fatídico 19 de junho de 2008, eu tive uma chance única de despertar e abrir mão da "síndrome da sobrevivência infeliz".

Criei esse termo para nomear o que nos consome com pensamentos limitantes, escassos e de incompletude, que nos impede de enxergar a beleza do cotidiano, as bênçãos que chegam e a riqueza do que a vida nos apresenta. Precisamos desligar o modo sobrevivente e ativar o modo vivente. Existe vida aí dentro, sabia?

Muitas vezes, nos perdemos nas nossas dores, em feridas e traumas de infância. As dificuldades cotidianas de vez em quando são interpretadas como complexas e pesadas, e permitimos que isso nos distancie do que há de mais fantástico: a nossa história. Ela é única e foi desenhada para nós.

Sempre tenha em mente que a sua história é a sua maior riqueza. Você pode até pensar que ela não é relevante, mas saiba que se apropriar dela de maneira verdadeira e corajosa auxiliará você a se reencontrar.

UM CHAMADO AO AUTOCONHECIMENTO

No caminho para o hospital em que trabalhava a obstetra que nos acompanhava, eu e o Cristiano sentíamos a vida se dissipar enquanto as fichas caíam. Tínhamos feito tantos planos, tantos projetos, tantas buscas! E tudo se perdeu naquele objetivo único e sublime: a manutenção das nossas vidas – a minha e a do Gui.

Sendo sincera, eu não tinha a noção exata do risco que estávamos correndo naquele momento. Outro detalhe importante é que eu tinha apenas 24 anos na época. Estava, há anos, em busca de sucesso profissional, dormia apenas entre quatro e cinco horas por noite. Como já disse, o sucesso profissional que conquistei é tremendo, mas naquele dia entendi que esse pretenso sucesso não valeria nada sem o que mais importava na vida. Eu vivia em intensa atividade, cuidava de tudo e de todos, mas me esquecia de mim e da minha vida. Você já passou ou está passando por isso?

É hora de admitirmos que há uma dificuldade flagrante de nos reconhecermos, nos percebermos e termos ferramentas práticas que nos permitam não ficar à mercê das nossas dores, das nossas dificuldades e da nossa história. Naquele momento, eu me senti assim.

Eu estava experienciando o que chamo de epidemia de infelicidade, que invadiu de modo devastador o ser humano, nos mais diversos campos, seja no interno, nos lares, no convívio social ou no trabalho. Um estudo mundial realizado pela empresa de pesquisa de opinião Gallup revela que os brasileiros nunca foram tão infelizes e, ao mesmo tempo, nunca estiveram tão distantes da própria essência.[5]

É possível dizer, ainda, que essa realidade é pandêmica, pois estamos diante de um adoecimento mundial, muito além da realidade brasileira. O ritmo acelerado da vida moderna, marcado pela pressão constante para alcançar sucesso, cumprir metas e se manter conectado em um mundo digitalizado muitas vezes leva à exaustão e ao desgaste emocional. Além disso, as expectativas sociais e culturais sobre o que constitui uma vida feliz podem ser irreais ou inatingíveis, principalmente na era da superexposição nas redes sociais, o que causa sentimentos de inadequação e insatisfação crônicos.

O aumento das comparações sociais on-line também contribui para uma sensação de falta, já que as pessoas tendem a comparar a própria vida com os destaques cuidadosamente selecionados da vida dos outros – na maioria das vezes desconhecidos.[6] O isolamento social e a falta de conexão genuína, exacerbados por

---

[5] HELLIWELL, J.; LAYARD, R.; SACHS, J. **World Happiness Report 2018**. New York: Sustainable Development Solutions Network, 2018. Disponível em: https://worldhappiness.report/ed/2018. Acesso em: 6 nov. 2024.

[6] SOUZA, L. "Vida perfeita" em redes sociais pode afetar a saúde mental: especialistas alertam sobre efeitos colaterais da felicidade exposta. **Agência Brasil**, São Paulo, 20 fev. 2021. Disponível em: https://agenciabrasil.ebc.com.br/saude/noticia/2021-02/vida-perfeita-em-redes-sociais-pode-afetar-saude-mental. Acesso em: 1º mar. 2025.

O vazio e a fragilidade que nos afligem

estilos de vida mais individualistas e pela pandemia de covid-19, também desempenham um papel significativo. Esses fatores, combinados, criam um cenário em que um número alarmante de pessoas experimenta sentimentos persistentes de tristeza, ansiedade e desesperança, refletindo essa epidemia de infelicidade na sociedade contemporânea.

Outros fatores, como falta de ferramentas práticas para a gestão emocional, altas taxas de desemprego, relações familiares e sociais tóxicas e o estilo de vida frenético que vivemos também reforçam e ampliam a falta de conscientização de quem somos, de qual é o nosso lugar no mundo e do quanto é especial estarmos vivos. Os números expressivos de pessoas em depressão e sofrendo crises de ansiedade não nos deixa enganar.

Um levantamento feito pelo economista Daniel Duque, do Instituto Brasileiro de Economia da Fundação Getulio Vargas (Ibre/FGV), aponta que, em 2021, o Brasil estava na segunda pior posição no ranking de infelicidade, com 19,83%, atrás apenas da Turquia. Quanto maior é esse índice, pior é a posição na lista, que é feita para o Relatório Mundial de Felicidade, uma iniciativa da Organização das Nações Unidas (ONU), que soma dados como as taxas de inflação e de desemprego dos países avaliados para chegar ao índice final.[7]

Como se não bastasse, em meio à falta de percepção dos próprios direitos e da real crise de identidade generalizada, as pessoas estão adoecidas. A depressão é o mal do século, segundo a Organização Mundial de Saúde (OMS), que estima que 300 milhões de

---

[7] GAVRAS, D. 'Índice de infelicidade' dos brasileiros é o mais alto dos últimos cinco anos. **Folha de S.Paulo**, São Paulo, 21 jun. 2021. Disponível em: https://www1.folha.uol.com.br/mercado/2021/06/indice-de-infelicidade-dos-brasileiros-e-o-mais-alto-dos-ultimos-cinco-anos.shtml. Acesso em: 13 fev. 2024.

pessoas no mundo sofrem com o transtorno.[8] Na América Latina, o Brasil é o país com mais casos registrados, e os números aumentaram exponencialmente ao longo da pandemia.[9] Em outro estudo, realizado em 2019, a OMS apontou que o Brasil abriga o maior número de pessoas ansiosas no mundo: 18,6 milhões de brasileiros sofrem de algum tipo de ansiedade.[10]

Precisamos sair dessas estatísticas aterradoras, e isso é urgente! De acordo com uma pesquisa realizada em 21 estados brasileiros em 2017, 90% das pessoas estão infelizes no trabalho. Desse percentual, 36,52% estão infelizes com o trabalho que realizam e 62,24% gostariam de fazer algo diferente do que fazem atualmente para serem mais felizes.[11]

Nessa toada, destaco os números assustadores em relação à insatisfação nos relacionamentos: um em cada três casamentos termina em divórcio. Segundo dados da revista *Crescer*, o índice de divórcios

---

[8] ORGANIZAÇÃO MUNDIAL DA SAÚDE. OMS divulga Informe Mundial de Saúde Mental: transformar a saúde mental para todos. **Biblioteca Virtual em Saúde**, Brasília, 17 jun. 2022. Disponível em: https://bvsms.saude.gov.br/oms-divulga-informe-mundial-de-saude-mental-transformar-a-saude-mental-para-todos. Acesso em: 24 fev. 2024.

[9] BRASIL. Na América Latina, Brasil é o país com maior prevalência de depressão. **Gov.br**, Brasília, 22 set. 2022. Disponível em: https://www.gov.br/saude/pt-br/assuntos/noticias/2022/setembro/na-america-latina-brasil-e-o-pais-com-maior-prevalencia-de-depressao. Acesso em: 11 nov. 2024.

[10] ORGANIZAÇÃO MUNDIAL DA SAÚDE. OMS divulga Informe Mundial de Saúde Mental: transformar a saúde mental para todos. **Biblioteca Virtual em Saúde**, Brasília, 17 jun. 2022. Disponível em: https://bvsms.saude.gov.br/oms-divulga-informe-mundial-de-saude-mental-transformar-a-saude-mental-para-todos. Acesso em: 24 fev. 2024.

[11] CARDOSO, L. No Brasil, cerca de 90% estão infelizes no trabalho. **Extra**, Rio de Janeiro, 17 jun. 2018. Disponível em: https://extra.globo.com/economia-e-financas/emprego/no-brasil-cerca-de-90-estao-infelizes-no-trabalho-22780430.html. Acesso em: 2 mar. 2024.

O vazio e a fragilidade que nos afligem

judiciais com sentença de guarda compartilhada dos filhos passou de 7,5% em 2014 para 20,9% em 2017.[12]

Por fim, quero dividir uma preocupação especial com a tristeza, as frustrações e o adoecimento de jovens na nossa sociedade. Crianças e adolescentes têm sido alvo constante de adoecimento emocional, e cada vez mais cedo. Uma recente revisão de 29 pesquisas científicas concluiu que os sintomas de ansiedade e depressão entre crianças e adolescentes dobraram após o início da pandemia de covid-19. O trabalho, que reuniu dados de cerca de 81 mil jovens de até 18 anos em diversos países, foi publicado no respeitável periódico científico *JAMA Pediatrics*.[13]

Está na hora de mudarmos esse cenário. O vazio que nos assola e essa infelicidade manifesta precisam ceder espaço para uma vida na qual nos sintamos, de fato, vivos. Uma vida real e de experiências diversas, com bênçãos e lições, que seja bem vivida e aproveitada ao máximo, uma vida que não seja pautada na espera da próxima conquista intangível para só então se permitir a felicidade. Sempre desejaremos mais um carro, mais uma promoção, mais uma conquista, e está tudo bem. Só não podemos nos esquecer de que não dá para esperar o futuro para sermos felizes. Combinado?

---

[12] ONGARATTO, S. Brasil: um a cada três casamentos termina em divórcio. **Revista Crescer**, São Paulo, 4 abr. 2019. Disponível em: https://revistacrescer.globo.com/Familia/Sexo-e-Relacionamento/noticia/2019/04/brasil-um-cada-tres-casamentos-termina-em-divorcio.html. Acesso em: 16 mar. 2024.

[13] RACINE, N. *et al*. Global prevalence of depressive and anxiety symptoms in children and adolescents during COVID-19: a meta-analysis. **JAMA Pediatrics**, v. 175, n. 11, p. 1142-1150, 2021. Disponível em: https://jamanetwork.com/journals/jamapediatrics/fullarticle/2782796. Acesso em: 11 nov. 2024.

VIVER NOVAMENTE

Voltemos à história do nascimento do Guilherme. Chegamos à maternidade poucas horas depois de recebermos o laudo, sem termos levado nada mais que as roupas do corpo. Naquele dia, às 20h40, o Gui nasceu, com 2,1 quilos e 48 centímetros. Ele foi um milagre e me provou que a vida é mesmo rara.

A correria frenética em que eu vivia e a falta de respeito às minhas capacidades físicas me levaram ao limite – ao nosso limite, já que nós dois vimos a morte de muito perto. O meu estilo de vida era insustentável, os meus hábitos eram desrespeitosos comigo e com todos ao meu redor. No próximo capítulo, quero contar tudo que aconteceu depois desse milagre.

2.
NÃO É NORMAL SER INFELIZ

Parece que normalizamos a infelicidade. Você também sente isso? Mesmo sem conseguir definir de maneira clara, acredito que conseguimos captar que há algo de muito errado acontecendo por aí. Se prestarmos atenção no nosso dia a dia, na nossa rotina, nos nossos relacionamentos e no nosso trabalho, identificaremos, sem muito titubear, que a grande maioria de nós se sente perdida, confusa e longe de si.

Você está preenchido por você mesmo ou se sente vazio?

Nos meus atendimentos, pergunto aos pacientes quem eles são. Em diversas situações, eles me relatam que não sabem mais quem são, que se perderam em meio ao cenário infeliz e aflitivo no qual estão vivendo. Muitos me dizem que não encontram razões para estarem felizes, como se sentissem que sempre falta algo. Não veem mais cor na vida, estão em uma busca incessante por algo que não conseguem alcançar e correm sem direção, em desalinhamento com os próprios princípios e valores.

Recebo muitos relatos parecidos com este: "A minha vida está travada, eu não ganho bem, me alimento de maneira desregulada, não me cuido como deveria e sinto um cansaço imenso. Eu sinto tristeza de maneira recorrente e sou assolado por medos, ansiedades, inseguranças e frustrações variadas que parecem não ter fim". Você se reconhece em alguma parte dessa fala?

> Aqui quero fazer uma pausa para contar mais da história do meu milagre. Por muito tempo, eu não entendi completamente o que tinha acontecido naquele fatídico dia de 2008, mas confesso que sair daquela maternidade com o Gui nos braços foi o maior troféu da minha jornada. Dali em diante, os meus braços nunca mais foram os mesmos, porque se tornaram um lugar de aconchego para os meus filhos amados. Com o passar dos anos, vivi uma evolução de carreira e hoje sigo a linda missão de auxiliar pessoas por meio de processos terapêuticos. Sem eu perceber, ali foi um ponto de virada na minha vida pessoal e profissional.

Quero expressar que aqui não pretendo propor um modelo irreal de vida, uma mudança descabida e sem planejamento, porque acredito que nenhum padrão altamente rígido se sustenta. No entanto, o estilo de vida infeliz e desconexo é grave. É normal não estarmos bem um dia ou outro, afinal, a vida tem muitas nuances, e não somos inabaláveis, mas nada me convence de que é normal estar infeliz e adoecido por toda uma vida.

Fazemos parte de uma sociedade em que muitas pessoas não se gostam, não se cuidam, têm pouca execução, reclamam mais do que agradecem, estão infelizes com a carreira ou com os relacionamentos que cultivam e mesmo assim não têm energia para mudar. Muitas estão perdidas, depressivas, consumidas pela ansiedade. Vivem conflitos internos, crises com a família, nos relacionamentos amorosos, com os amigos e no trabalho. Estão vivendo no piloto automático, sobrevivendo sem perspectiva, sem se sentirem felizes e merecedoras de bênçãos.

E essas não são apenas percepções minhas. A Organização Mundial da Saúde (OMS) estima que, atualmente, a depressão afeta cerca de 350 milhões de pessoas, sendo que a taxa de prevalência na maioria dos países varia entre 8% e 12%. Hoje ela é a principal causa de incapacitação dos indivíduos no mundo quando se considera o total de anos perdidos em sofrimento com o transtorno (8,3% dos anos para homens e 13,4% para mulheres) e a terceira principal causa da carga global de doenças em 2004, com previsão de que alcance ao primeiro lugar até 2030.[14]

Parece que há um vazio existencial no ar. Você também sente isso? Quais são as razões para não nos sentirmos preenchidos e passarmos a vida sem percebermos as bênçãos que recebemos e as conquistas que alcançamos? Foi assim que eu vivi até que eu experimentasse a morte de perto.

Ao que me parece, muitas pessoas ainda se percebem como fracassadas, com a constante sensação de que são vítimas de circunstâncias, de prognósticos, de previsões e de notícias ruins. Muitos de nós repetimos padrões e ficamos presos a dogmas e crenças do nosso sistema familiar, os quais nos limitam e nos geram uma carga imensurável de sofrimento.

Precisamos também falar da cultura e do cenário social atuais, que estimulam medos, inseguranças e aflições e têm deixado as pessoas mais ansiosas. Estamos, dia a dia, perdendo a coragem para agir e romper o medo de não sermos aceitos e desagradarmos aos outros. A dinâmica cultural atual nos leva a aceitar que a vida é dura e, por conseguinte, normalizar a infelicidade. Há uma busca incessante para nos encaixarmos em padrões preestabelecidos para pertencer a qualquer custo, mesmo que não faça sentido e nada tenha a ver conosco aquele hábito, aquela escolha ou decisão. Em um momento mais oportuno voltaremos a falar sobre a necessidade dolorosa de agradar a todos mesmo que isso nos desagrade, mas tenha em mente algo essencial: projetar no outro a própria felicidade é um grande abismo na nossa existência.

---

[14] ORGANIZAÇÃO PAN-AMERICANA DA SAÚDE. **Depressão**. Disponível em: https://www.paho.org/pt/topicos/depressao. Acesso em: 27 jan. 2025.

Aliada a todos esses fatores está a utilização massiva de redes sociais. Um estudo feito na Dinamarca apontou que as mídias podem ter um efeito depressor sobre os usuários. A pesquisa, realizada pelo Happiness Research Institute, indica que a atividade on-line tende a despertar a inveja nos usuários, os quais passam a focar mais o que não têm do que aquilo que têm.[15]

No campo profissional, as coisas estão da mesma maneira. Muitas vezes, as carreiras são escolhidas sem alinhamento com o propósito pessoal. Isso faz que o índice de insatisfação e infelicidade no ambiente corporativo esteja alto, como mostra uma pesquisa realizada pelo aplicativo Survey Monkey.[16] O resultado aponta que 36,52% dos profissionais estão infelizes com o trabalho que realizam e que 64,24% gostariam de fazer algo diferente do que fazem hoje. Para esse estudo, foram consultados mais de 300 profissionais com idades entre 26 e 60 anos em 14 países.

Há outra razão basilar: a ausência de pertencimento familiar. Explico: todos temos uma origem, em geral um pai e uma mãe que, por mais que tenham vivido experiências duras e dinâmicas familiares pesadas, disseram "sim" à nossa vida. Cada um de nós pertence a uma família, e negar esse lugar nos leva para um caminho de ruína.

Muitas pessoas relatam um completo desconhecimento da própria história, um afastamento da importância das próprias raízes, e muitos afirmam até desacreditar do poder que ela tem. É importante

---

[15] HAPPINESS RESEARCH INSTITUTE. **The Facebook Experiment**. 2015. Disponível em: https://www.happinessresearchinstitute.com/_files/ugd/928487_680fc12644c8428eb728cde7d61b13e7.pdf. Acesso em: 27 jan. 2025.

[16] BARRETO, R. Mais de 90% dos brasileiros estão infelizes no trabalho. **Nube**, 22 dez. 2021. Disponível em: https://www.nube.com.br/blog/2021/12/22/mais-de-90-dos-brasileiros-estao-infelizes-no-trabalho. Acesso em: 27 jan. 2025.

que você compreenda que a sua história é um "motor" absurdo de ativação. Problemas familiares de toda ordem não podem ser tratados como algo de menor importância, porque assim empilhamos mais infelicidade. Só cresceremos quando aceitarmos que o passado é a chave para mudarmos o cenário de dor atual.

Quero também falar sobre a ausência de conexão com o Divino. Não quebre essa conexão, independentemente da sua acepção religiosa. Ela é sua, particular, e precisa fazer sentido para que funcione. Aqui eu me refiro à espiritualidade, ao transcendente, ao sobrenatural que sustenta você nas horas difíceis. Não sei o que seria de mim sem a minha fé e a certeza de que não estou sozinha. Sempre digo que dentro de cada um há um vazio que só Deus pode preencher.

Aos fatores e às causas potenciais que nos trouxeram a essa realidade, que eu costumo chamar de pandemia da infelicidade, eu adiciono baixa autoestima, falta de autoconhecimento e um estilo de vida deturpado imposto por padrões sociais descalibrados. Preciso também citar o estilo de vida que muitos de nós alimentam: correria frenética, agenda lotada, metas cada vez mais inalcançáveis e um completo desconhecimento de si.

Eu não quero mais que você se sinta assim. Não espere experienciar uma situação traumática de quase morte, como a que eu passei, para enfim despertar. Eu volto a alertar: não é normal ser infeliz. Quero que você relembre a cada instante que temos direito de ser nós mesmos, felizes, prósperos e realizados.

Até aqui, você pode ter vivenciado muitos traumas, somados a um conjunto de crenças limitantes que impedem você de se perceber do jeito que de fato é. Durante a vida, acumulamos e empilhamos mágoas, ressentimentos e ausência de liberação de perdão. Como se não bastasse, há o contágio de sabotadores, que limitam a percepção de nós mesmos e a nossa caminhada existencial.

Estudei, por anos, leis, deveres e direitos, e mesmo assim levei um longo tempo para entender que o meu mais relevante direito era o de ser eu mesma, de me permitir acessar a minha real identidade e essência, de me autorizar a me olhar com cuidado, respeito e, em especial, amor-próprio. Foi pensando em todos esses fatores que decidi mudar a minha trajetória de vida e, depois de conquistar esse sucesso, tomei como missão auxiliar outras pessoas nessa jornada. Hoje estou aqui para ajudar você a trilhar o caminho em direção à felicidade sem dor, mas para isso preciso que você me permita ser a sua guia até a última página deste livro. Prepare-se para a mudança!

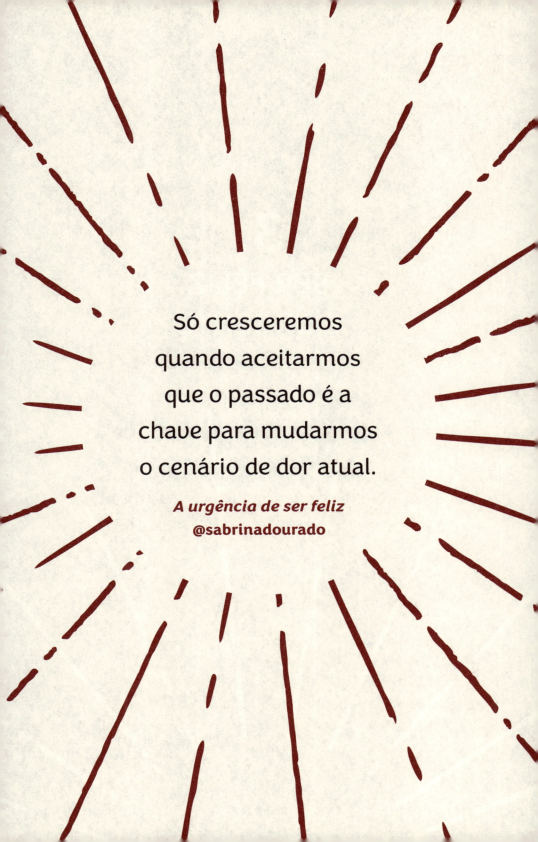

Só cresceremos quando aceitarmos que o passado é a chave para mudarmos o cenário de dor atual.

A urgência de ser feliz
@sabrinadourado

3.
SER FELIZ
É URGENTE

Ser feliz é urgente. É isso mesmo: urgente. Para isso, não é óbvio que precisamos dar um basta na lista interminável de condições e exigências que nos impede de sermos felizes? Ledo engano. Enquanto você pensar assim, a felicidade será um ideal cada vez mais distante e intangível, porque a felicidade é um estado interno e está presente mesmo em meio às adversidades.

Tenho uma recordação que mostra exatamente isso. Eu e o Cristiano tínhamos o sonho de morar em um condomínio de casas, e em determinado período da nossa jornada conseguimos realizá-lo. Um dos nossos vizinhos, porém, vivia frustrado e não conseguia esconder a infelicidade que sentia. Sempre tenso e estressado, dizia que estava esperando receber certa soma de dinheiro para poder enfim realizar uma reforma na casa em que morava. Só assim, segundo ele, seria feliz.

Passados alguns anos, chegou o dia de iniciar a desejada reforma. A felicidade estava próxima. Dias após o início das obras, ele faleceu. Teve um infarto fulminante. Lembro-me claramente da dor e do desespero da família. O fato é que não deu tempo de ele ser feliz. Será que a vida dele, naquele padrão negativo, compensou? A morte trágica e feroz veio, e ele não conseguiu ver a casa como sonhou.

Assim como esse vizinho, não temos todo o tempo do mundo. Na verdade, não sei se não temos tempo ou se de fato não sabemos como aproveitá-lo. Por isso, estou convicta de que não dá mais para esperar. É claro que é preciso definir metas claras, objetivos e

43

perspectiva de crescimento, pois eles são necessários, mas não deixe a sua felicidade condicionada a nada disso. A felicidade é uma questão de ser. É hoje. Ela está aí enquanto você lê estas páginas. Ela se manifesta a cada momento da vida única que há em mim e em você.

Hoje, posso afirmar que há uma saída em direção a uma vida mais feliz. Trataremos juntos do senso de urgência para a felicidade, e com estratégias práticas vamos resolver inúmeros problemas que afligem você e tiram o seu sono. Você terá clareza e passará a agir de maneira completamente distinta, pois terá acesso a ferramentas de autoconhecimento que permitirão melhor entendimento de si, da sua história e da sua jornada.

Embarcaremos em uma viagem íntima de autodescoberta, em que cada página convidará você a explorar a beleza das pequenas alegrias cotidianas, que serão as doses de felicidade que você terá sempre à sua disposição. Você vai descobrir que, ao cultivar essas pílulas de felicidade – seja apreciando um pôr do sol vibrante, seja compartilhando risadas com um amigo querido –, desencadeará uma verdadeira explosão de química na sua mente, que inundará os seus sentidos com bem-estar e vitalidade.

Nesse universo de possibilidades, a felicidade não deve ser vista como um destino distante, e sim como algo constante, um presente a ser desembrulhado a cada amanhecer. Posso assegurar que esse é, sem dúvidas, o maior investimento da sua jornada existencial. Vamos investir nisso?

Seguiremos esse trabalho de maneira prática, dialogada e leve, abordando o controle de medo, culpa, ansiedade, raiva e baixa autoestima para curar a falência emocional e permitir que você reconheça e aceite a responsabilidade sobre a sua vida.

Ser feliz é mesmo urgente, e ser bem-sucedido supõe estar em plenitude, não é mesmo? E isso, de modo algum, significa que não

A urgência de ser feliz

haverá desafios e dias difíceis. O objetivo, aqui, é entender que eles não o destruirão mais, porque você vai aprender a pensar antes de agir, entender que é possível tomar decisões mais certeiras e alinhadas com o seu mundo interno, seguindo o seu verdadeiro eu.

Este livro será incansável na busca para fazer você agir e resgatar o seu poder de movimento, execução e concretização sendo você, seguindo a sua essência e sentindo que está fazendo o que realmente importa e dá certo na sua jornada personalíssima. Resiliência, garra e gratidão serão abordadas como elementos que levarão você a alcançar níveis de imunidade emocional que deverão ser continuamente praticados na sua jornada.

> **Gosto de pensar que agora você é uma semente que ao longo do livro será lançada na boa terra e cultivada. Semente que, depois de regada e cuidada, dará bons frutos.**

4.
CONHECE-TE
A TI MESMO

No turbilhão da vida, muitas vezes nos perdemos na busca incessante por significado e felicidade. Em muitos momentos, essa procura é exaustiva e frustrante, não é mesmo? No entanto, antes de sermos capazes de encontrar qualquer coisa no mundo ou em terceiros, precisamos encontrar a nós mesmos.

O autoconhecimento não é apenas uma jornada interior, é também a chave mestra para desbloquear uma vida de significado, com sentido. Quando você se conhece verdadeiramente, compreende as suas paixões, os seus medos e as suas motivações mais profundas, não há como mensurar o poder desse mergulho interno.

No longo prazo, não saber quem somos custa caro, e o preço a ser pago por esse deslize pode ser fatal. Corremos o risco de passar a vida toda vivendo uma história que não é nossa, em uma jornada que não se alinha a quem verdadeiramente somos. Com isso, perdemos tempo, dinheiro, relações potentes e, em especial, a nossa vida em máxima potência, que é tão rara.

Esse processo é longo e exige atenção, funciona como desvendar um mapa para descobrir as estradas sinuosas que compõem a sua identidade. **Quem é você, afinal?** Sem essa compreensão íntima, é maior a possibilidade de você se perder em padrões de comportamentos repetitivos e relacionamentos tóxicos. Sem se dar conta, você se perde de si e da sua existência.

Eu sei que isso é profundo e desafiador. Eu também já me perdi de mim e me esqueci de quem era. Adotei, em diversos momentos, comportamentos e atitudes que nada tinham a ver com a minha real identidade. Não estou aqui para dizer que será fácil, porque essa jornada requer coragem para olhar para si, enfrentar medos e confrontar fraquezas. No entanto, é somente ao enfrentar essas partes de nós mesmos que podemos verdadeiramente crescer e florescer.

Ao entender as suas emoções e reações, você ganha o poder de moldar a sua própria narrativa e viver de acordo com os seus valores mais autênticos. Isso também permite que você viva do seu jeito, livre para fazer as suas escolhas e colorir o livro da sua vida com as cores e as formas que entender serem as melhores para você, e não as que a sociedade tenta impor com a ideia de que funcionam para todos.

O autoconhecimento não está apenas relacionado a entender as suas qualidades, mas também a aceitar e integrar as suas sombras. Assim, nesse processo, é possível encontrar a verdadeira paz interior e a capacidade de viver autenticamente. Em última análise, o autoconhecimento é a base sobre a qual você vai construir uma vida de significado e felicidade duradoura. É o primeiro passo em direção a uma jornada de autodescoberta contínua, em que cada caminho levará você mais perto de quem realmente é e do que realmente deseja.

O autoconhecimento capacita cada um de nós a tomar decisões mais alinhadas com os nossos valores e objetivos de vida. Quando você entende as suas motivações e aspirações, se torna capaz de fazer escolhas mais conscientes, evitando assim o arrependimento e a indecisão. Em um mundo repleto de distrações e influências externas, o autoconhecimento serve como um farol que guia você por um caminho autêntico e significativo.

Eu costumo dizer que, antes de termos sido gerados no ventre da nossa mãe, Deus já havia nos desenhado como seres únicos, dotados de força única e exclusiva a ser utilizada na Terra. É verdade que vamos nos esquecendo de quem somos e do que viemos fazer aqui, mas, ao nos permitirmos acessar o conhecimento profundo de nós mesmos, aprendemos qual é a nossa essência e identidade. Ao alcançar esse potencial, nós nos tornamos verdadeiramente imparáveis, além de mais capacitados a compreender e aceitar os outros.

> **A empatia e a compaixão florescem quando reconhecemos a nossa própria humanidade e vulnerabilidade e internalizamos as diferenças que existem entre nós, grandes ou pequenas.**

PROTEGENDO O SEU ESPAÇO PESSOAL

Uma das chaves mais importantes para o autoconhecimento é aprender a dizer "não". Muitas vezes, ficamos presos a compromissos, expectativas e responsabilidades que, no fundo, não ressoam com quem realmente somos ou com aquilo que desejamos para a nossa vida. Nesse sentido, dizer "não" não é um ato de egoísmo, e sim de autocuidado.

Por muitos anos, eu fui incapaz de dizer "não". Na verdade, eu dizia "sim" para todos, menos para mim mesma. Você já se viu nesse cenário? Em diversas oportunidades, eu estava exausta, mas não conseguia dizer "não" para uma aula que era convidada a comandar. Cheguei a ministrar aulas estando doente e sem condições físicas. Lembro-me de que certa noite passei mal, tive uma forte crise de enxaqueca durante a aula, e foram os alunos que me socorreram e me levaram para uma unidade médica de emergência.

Por vezes, não queria ir a determinados lugares ou eventos, mas a necessidade de agradar os outros e o medo inconsciente de ser rejeitada pelos meus pares me impediam de dizer "não".

Isso me prejudicava e, em especial, prejudicava a minha família. O meu esposo e os meus filhos acabavam sofrendo em conjunto, pois viam que as minhas atitudes só me prejudicavam. Hoje sei como é libertador poder dizer "não" sem sentir angústia e pânico do julgamento externo.

Cada vez que aceitamos algo que não faz sentido para nós, permitimos que o peso do descontentamento e da frustração se acumule. Isso me aconteceu de maneira tão reiterada que acumulei dores, frustações e até peso, acredita? Cheguei a carregar mais de 20 quilos de sobrepeso. Aconteceu comigo muitas vezes, e normalmente acontece com pessoas que na infância se sentiam sozinhas, queriam colo e carinho, mas não tinham essa necessidade percebida nem acolhida pelos cuidadores primários. A comida começa a preencher o vazio que a insatisfação e o desafeto deixam.

Muitos, como eu, aprenderam a engolir a dor. Engoliram o choro. Quando ficava triste, eu não era nada. Por anos, sem perceber, engoli emoções, angústias, palavras não ditas. Como a primogênita, me sentia responsável por dar conta de tudo e de todos da minha família: os meus pais, os meus irmãos e até o comércio que eles tinham. O medo do abandono nos faz buscar segurança na comida, que se torna a principal fuga, uma maneira de sentir alívio. Na maioria das vezes, sobrepeso, além de gordura, é sinal de autoproteção, dor não liberada que se acumula no corpo. A sobrecarga emocional e a compensação da falta de afeto na alimentação são sinais de culpa por não ser perfeito e sempre tentar agradar.

Outras vezes, o medo da rejeição e do julgamento usa essa capa de gordura corporal como escudo de proteção do mundo externo. Eu vivia assim. Precisava ser forte e muito boa a todo tempo, então acumulava no corpo a força que achava precisar ter para me proteger.

Com o tempo, isso pode nos afastar do nosso propósito e nos colocar em uma vida sem brilho e sem satisfação, na qual inevitavelmente vamos nos perdendo de nós.

Ao eliminar o que não faz sentido na sua vida, você abre espaço para o que realmente importa. É como limpar um jardim: retiramos as ervas daninhas para que as flores possam crescer com força e beleza. Se a sua vida está repleta de obrigações que sufocam a sua essência, você nunca terá a oportunidade de florescer plenamente, entende?

A verdade é que, ao dizer "não" para aquilo que sobrecarrega, você está dizendo "sim" para si mesmo, para a sua saúde mental e para uma vida mais leve e significativa.

Deixar ir o que pesa é um ato de coragem. É enfrentar o medo de desapontar os outros ou de ser mal interpretado com a certeza de que está fazendo o melhor para si. Ao mesmo tempo, é também um ato de amor-próprio, que permite que você siga de maneira consciente o caminho que realmente faz sentido para você no momento.

No início, pode parecer desafiador e doloroso, mas com o tempo vai ficando mais fácil e seguro. Foi assim para mim. Ao eliminar o desnecessário, eu me libertei da necessidade de agradar a todos, de cumprir expectativas irreais e de carregar fardos que não eram meus. Assim, pude abrir espaço para o novo, para o que me nutre de verdade e me leva na direção de uma vida autêntica e feliz. E eu desejo isso para você também.

A seguir, proponho um teste excelente para quem procura aprofundar o autoconhecimento. Aceita?

TESTE DO RAIO X: VOCÊ SE RECONHECE?

Essas perguntas têm como objetivo impulsionar a reflexão sobre a situação atual da sua vida e identificar se está levando-a de acordo com a sua essência ou se há aspectos que precisam ser repensados.

1. Você sente que está sempre ocupado e mesmo assim não consegue realizar o que realmente importa para você?
( ) Sim, com frequência.
( ) Às vezes.
( ) Não, geralmente faço o que é importante para mim.

2. Quando surge um novo compromisso, você se sente na obrigação de aceitar, mesmo que não tenha vontade de ir?
( ) Sim, quase sempre.
( ) Às vezes.
( ) Não, pois sei dizer "não" quando necessário.

3. Você tem a sensação de que carrega responsabilidades que, na verdade, não são suas?
( ) Sim, constantemente.
( ) Ocasionalmente.
( ) Não, pois sei identificar os meus limites.

4. Você sente que o seu tempo é dedicado mais aos outros do que a você mesmo?
( ) Sim, com frequência.
( ) Às vezes.
( ) Não, consigo equilibrar o meu tempo.

A urgência de ser feliz

5. Quando faz algo que não quer, você sente peso emocional e físico?
( ) Sim, quase sempre.
( ) Algumas vezes.
( ) Não, isso raramente acontece.

6. Você costuma se sentir sobrecarregado ou exausto por tentar agradar a todos?
( ) Sim, com frequência.
( ) Às vezes.
( ) Não, eu tenho limites claros.

RESULTADO

Verifique as suas respostas e some qual alternativa foi a mais escolhida. A seguir, verifique o que essa resposta diz sobre você e a sua atitude em relação às dinâmicas do mundo.

Maioria "sim": é hora de reavaliar os seus compromissos e objetivos para perceber em quais momentos ou situações você pode estar aceitando responsabilidades e expectativas que não são suas. Dizer "não" é libertador e abre espaço para uma vida mais leve e autêntica, livre para você fazer o que realmente quer e precisa.

Maioria "às vezes": você tem momentos de equilíbrio, mas ainda há áreas que pode trabalhar para alinhar as suas escolhas com o que realmente importa para a sua vida. Aprender a dizer "não" com mais frequência pode ajudar você a se sentir mais realizado.

Maioria "não": parabéns! Você parece estar no controle das suas escolhas, dizendo "não" quando necessário e mantendo uma vida mais alinhada com os seus valores e o seu propósito.

CONEXÕES SIGNIFICATIVAS COMEÇAM EM VOCÊ

O autoconhecimento também enriquece as nossas conexões com os outros, permitindo relações mais profundas e significativas. Conforme passamos a dar o direito aos outros de serem como realmente são, somos capazes de construir e manter relacionamentos mais leves e assertivos. Quando nos esquecemos de que somos diferentes uns dos outros, muitas vezes nos forçamos a ser como o outro ou exigimos que ele seja como acreditamos ou esperamos que deve ser.

Essa percepção das nossas diferenças é curativa e libertadora. Somente com esse olhar para as peculiaridades é possível estabelecermos conexões longevas e saudáveis e podemos construir vínculos pautados em respeito mútuo: entendendo as nossas diferenças, as maneiras distintas de perceber o mundo e as realidades à nossa volta.

Tentar impor ao outro o nosso ponto de vista e o nosso sistema de crenças muitas vezes acontece de maneira automática e até agressiva, mesmo que não tenhamos essa intenção. Sendo assim, por mais difícil que seja se permitir ser respeitado na sua integralidade, comece a fazer isso nas suas relações e busque agir da mesma maneira com as pessoas. No início, como qualquer mudança, será desafiador. No entanto, logo essa será a nova tônica da sua relação com você mesmo, com o outro e com o mundo.

O IMPACTO DO AUTOCONHECIMENTO

Está na hora de você se voltar para dentro de si. Para ajudar nesse processo, vou dividir com você o meu treino diário de autoconexão. Experimente fazê-lo também:

Ao abrir os olhos pela manhã, este é o meu costumeiro pedido: "Senhor, que eu não me afaste de mim".

A urgência de ser feliz

Para além disso, indico alguns exercícios e atitudes que podem auxiliar no processo de autodescoberta e definição de limites, fundamentais para o processo de autocura.

O autoconhecimento é a base para relações saudáveis, sejam elas pessoais ou profissionais. Uma pessoa consciente de si mesma estabelece limites claros, que são tão essenciais para preservar a saúde mental e emocional, bem como reconhece padrões e identifica comportamentos repetitivos, o que ajuda a transformar dinâmicas que não funcionam e geram resultados negativos. Quando conhecemos as nossas emoções, os nossos valores e os nossos limites, conseguimos expressá-los de maneira clara, passo que evita conflitos desnecessários e cria espaço para a compreensão mútua.

Como essa jornada é pessoal e singular, algumas ferramentas e práticas podem auxiliar nesse processo. A meditação é uma opção poderosa para observar os seus pensamentos sem julgá-los. Nesse sentido, a técnica de mindfulness, ou atenção plena, ajuda a viver no presente e a compreender como reagimos aos desafios cotidianos.

Você pode começar com algo simples. Reserve cinco minutos diários para se sentar em um ambiente silencioso e confortável onde seja possível focar você e a sua respiração. Acompanhe os pensamentos que surgirem, sem interferir neles.

Algumas questões-chave profundas podem ajudar a revelar as suas verdadeiras motivações e os seus desejos. Pergunte a si mesmo:

- O que é realmente importante para mim?
- Por que eu reajo dessa maneira em situações desafiadoras?
- O que me traz alegria autêntica hoje?

Acompanhamento terapêutico é outra opção segura de explorar emoções reprimidas, traumas e comportamentos. Um profissional terapeuta pode guiar você por áreas que ainda sejam difíceis de acessar sozinho, permitindo que você encontre a prática que mais se adeque à sua necessidade e ao seu perfil. Tenho certeza de que, quando você a encontrar, fará muito sentido para desacelerar em meio à rotina.

Sair da zona de conforto também nos revela facetas desconhecidas de nós mesmos. Experimente um novo hobby, faça uma viagem ou até mesmo tente uma pequena mudança na rotina. Essas são maneiras eficazes de ampliar o autoconhecimento e fortalecer a sua relação consigo mesmo, pois são experiências que nos tiram da zona de conforto ao nos obrigarem a lidar com novidades e nos desafiarem a explorar novos interesses e capacidades.

Um hobby, por exemplo, pode se tornar um canal excelente para você expressar a sua criatividade, aliviar o estresse e cultivar habilidades que não sabia ter. Viagens, mesmo as mais curtas, no fim de semana, oferecem uma oportunidade única de desconexão do habitual e conexão com novas culturas, experiências, pessoas e paisagens. Quando você permite a aproximação do desconhecido, expande horizontes e ganha perspectivas mais amplas em relação à vida. Além disso, essas mudanças na rotina frequentemente ensinam a lidar com imprevistos, o que desenvolve a resiliência e a adaptabilidade.

Mudanças na rotina, mesmo que pequenas, têm o poder de revitalizar a nossa energia e nos tirar do piloto automático. Incorporar coisas novas, como praticar uma atividade física ou cozinhar uma receita diferente, pode quebrar ciclos de monotonia e fazer você perceber a importância única de cada momento. Essas alterações criam espaço para você refletir sobre os seus hábitos e identificar o que lhe dá mais equilíbrio e alegria.

Essas práticas, em conjunto, ajudam a construir uma vida mais plena e intencional porque não apenas nos conectam com a nossa essência como também nos incentivam a cultivar um estilo de vida que reflita os nossos valores e as nossas paixões. Isso tudo nos lembra da vastidão de possibilidades que a vida oferece e nos fortalece para abraçarmos as mudanças com coragem e otimismo.

JOURNALING COMO FERRAMENTA DE AUTOCONHECIMENTO

Um diário é uma das ferramentas mais acessíveis e eficazes para o autoconhecimento, já que permite que expressemos pensamentos e sentimentos de modo livre, promovendo clareza mental e emocional. Escrever sem filtros e julgamentos ajuda a acessar camadas mais profundas da mente, trazendo à tona insights sobre desejos, medos e padrões de comportamento.

A prática regular de journaling pode funcionar como um espelho, refletindo as suas experiências e mostrando como você reage a diferentes situações e não percebe até colocá-las em perspectiva. Quando você registra as suas emoções no papel, cria um espaço seguro para processá-las e organizá-las de maneira que façam sentido, o que reduz o estresse e aumenta a compreensão sobre si mesmo. Além disso, a escrita oferece um registro tangível da sua evolução, permitindo que revisite momentos importantes e observe o seu crescimento ao longo do tempo.

Existem várias abordagens para a prática, todas adaptáveis às necessidades de cada um. Uma das mais simples é o journaling livre, ou apenas escrita livre, no qual anotamos o que vem à mente, sem preocupação com estrutura ou coerência. Outra técnica popular é o journaling guiado, que utiliza perguntas reflexivas para aprofundar a escrita do momento, como:

- Quais são as três coisas pelas quais sou mais grato hoje?
- O que me trouxe alegria autêntica?
- Que desafios enfrentei recentemente e o que aprendi com eles?

Ainda, o journaling temático pode ser útil para explorar áreas específicas, como relacionamentos, carreira ou saúde emocional. Outras abordagens incluem a escrita de cartas para o seu eu do passado ou do futuro e a prática de listas de objetivos, valores ou sonhos. O importante é encontrar um método que ressoe com você e o cultivar com consistência.

Os benefícios do journaling vão além da organização mental, pois ele também impacta positivamente a saúde emocional e o bem-estar geral. Ao dedicar tempo para escrever, você fortalece a sua conexão interna e desenvolve habilidades como autorreflexão, empatia e regulação emocional. Estudos mostram que o journaling pode reduzir a ansiedade, melhorar a clareza sobre metas pessoais e até aumentar a resiliência em momentos de adversidade.[17]

Além disso, essa técnica de autoconhecimento é excelente para ajudar na identificação de padrões de pensamento que podem estar limitando o seu potencial. Por exemplo, crenças autossabotadoras podem se tornar mais claras quando escritas e posteriormente revisitadas, permitindo que você trabalhe para transformá-las. A escrita também pode ser usada para planejar e visualizar mudanças positivas, transformando o journaling em uma ferramenta de criação intencional do futuro.

Por fim, esse hábito promove um espaço de autocuidado e atenção plena, que nos lembra de desacelerar, ouvir a nossa voz interior e valorizar o processo de nos conhecermos melhor. Ao incorporar essa prática na rotina, você descobrirá uma maneira poderosa de aprofundar a sua jornada de autoconhecimento e transformar a sua vida.

---

[17] SOHAL, M. *et al*. Efficacy of journaling in the management of mental illness: a systematic review and meta-analysis. **Family Medicine and Community Health**, v. 10, n. 1, 2022. Disponível em: https://fmch.bmj.com/content/10/1/e001154. Acesso em: 28 jan. 2025.

A RODA SISTÊMICA E A HARMONIA INTERIOR

A roda sistêmica é uma ferramenta visual que ajuda a compreender como diferentes aspectos da vida estão interligados, proporcionando uma imagem clara de quais aspectos precisam de mais atenção e desenvolvimento. Nela, doze áreas são listadas e devem ser avaliadas de maneira individual, para as quais se atribui uma nota de 1 a 10, refletindo o nível de satisfação ou desempenho em cada uma.

O objetivo é identificar os desequilíbrios e trabalhar para melhorar aspectos em que forem identificadas pontuações mais baixas, promovendo um desenvolvimento mais harmonioso e integrado tanto pessoal quanto profissional, sempre em busca do equilíbrio.

As áreas são as seguintes:

- **Saúde e disposição:** refere-se ao bem-estar físico e à energia para realizar atividades diárias. Por exemplo, manter uma rotina de exercícios e uma alimentação balanceada.
- **Desenvolvimento intelectual:** envolve a busca contínua por conhecimento e habilidades. Por exemplo, ler livros, fazer cursos on-line e aprender um novo idioma.
- **Equilíbrio emocional:** consiste na capacidade de gerenciar emoções de uma maneira saudável. Por exemplo, praticar mindfulness ou meditação para manter o equilíbrio emocional, reduzir o estresse e a ansiedade.
- **Carreira e trabalho:** refere-se à satisfação e ao progresso na vida profissional. Por exemplo, estabelecer metas claras e buscar oportunidades de crescimento, como promoções ou novos projetos.
- **Finanças:** envolve a gestão eficaz dos recursos financeiros. Por exemplo, criar um orçamento mensal ou uma reserva para emergências.

- **Contribuição social:** refere-se ao impacto positivo na comunidade. Por exemplo, voluntariar-se em organizações locais ou participar de campanhas de arrecadação de fundos para causas sociais.
- **Amizade e família:** envolve a importância das relações interpessoais. Por exemplo, passar tempo de qualidade com amigos e familiares, organizar jantares ou passeios.
- **Afetividade e amor:** refere-se aos relacionamentos amorosos e à expressão de afeto.
- **Vida social:** envolve a interação e o convívio com outras pessoas. Por exemplo, participar de eventos sociais, como festas e encontros.
- **Hobbies e diversão:** refere-se às atividades que geram prazer e relaxamento. Por exemplo, dedicar tempo a ações como pintar, tocar um instrumento ou praticar esportes.
- **Realização e felicidade:** envolve a sensação de satisfação e propósito na vida. Por exemplo, alcançar metas tanto pessoais quanto profissionais, como concluir um projeto importante.
- **Espiritualidade:** refere-se à conexão com algo maior, seja por meio da religião ou de práticas espirituais. Por exemplo, meditar, orar ou participar de grupos de estudos e discussões.

Vamos à prática! No esquema a seguir, assinale, em uma escala de 0 a 10, em qual nível você se encaixa hoje, em cada uma das áreas comentadas anteriormente.

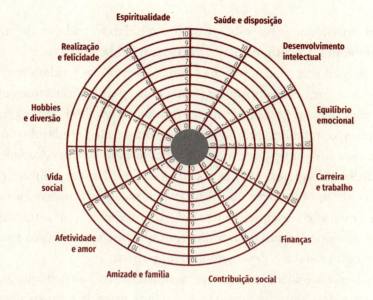

Preenchido? Avalie os tópicos e, entre as pontuações mais baixas, escolha uma área para trabalhar e desenvolver ao estabelecer pequenas metas que possam ser alcançadas semanalmente, por exemplo. Reserve um momento diário para se dedicar a essa evolução, mas não tenha pressa para preencher a sua roda sistêmica, pois sabemos que a vida não é estática, por isso a perfeição é uma busca impossível. Refaça o exercício periodicamente e reflita sobre o que as áreas que precisam de mais atenção revelam sobre você, então trace um plano de ação para equilibrá-las.

MAIS CAMINHOS PARA UMA AVENTURA INTERIOR

A sua criança interna guarda memórias e emoções que influenciam o seu presente, por isso reconhecê-la é um modo de curar feridas emocionais. Durante a infância, muitas experiências emocionais podem ser reprimidas ou não totalmente processadas e ficar armazenadas no subconsciente, moldando padrões de comportamento que influenciam as reações na vida adulta.

Reconhecer a existência da criança interna e as feridas emocionais dela é muito importante para a cura, pois permite ressignificar experiências passadas e aliviar traumas. Trabalhar com a criança interna também promove a autocompaixão, ajudando-nos a sermos mais gentis e compreensivos com as nossas necessidades e os nossos bloqueios. Muitas abordagens terapêuticas utilizam esse conceito para resolver conflitos internos e promover o autoconhecimento e crescimento pessoal. Assim, reconhecer e trabalhar com a criança interna é um dos caminhos mais poderosos para a cura emocional e o desenvolvimento pessoal.

Como atividade prática de autodescoberta, sugiro que você desenhe dois retratos: um da sua criança interior e outro do seu adulto emocionalmente imune, que tem a capacidade de gerenciar as próprias emoções de maneira saudável e equilibrada. Reflita sobre como esse adulto pode acolher e proteger essa criança. Se estiver praticando o journaling, escreva sobre isso – se não estiver, aproveite o exercício para testar a técnica, pois pode ser uma boa oportunidade para começar.

Imaginar cenários futuros e refletir sobre como você se sente em relação a eles ajuda a identificar metas e aspirações autênticas que podem estar soterradas por medos e inibições. Ao visualizar diferentes possibilidades, você pode explorar as suas reações emocionais a cada cenário que surgir e descobrir o que realmente importa para você. Esse processo de reflexão permite que você se conecte com os seus desejos e valores mais profundos, diferenciando as metas que são impostas externamente daquelas que de fato ressoam com a sua identidade.

Além disso, ao considerar como se sente em relação a diferentes cenários futuros, você pode identificar medos e inseguranças que podem estar bloqueando o seu progresso. Isso oferece a oportunidade de trabalhar essas barreiras emocionais de maneira emocionalmente segura e desenvolver um plano mais claro e motivador para alcançar as suas aspirações.

Livros de autoajuda, desenvolvimento pessoal, filosofia e psicologia também podem oferecer insights valiosos sobre o comportamento humano e como aplicá-los à sua vida. Escolha uma obra que ressoe com as suas necessidades atuais e anote as ideias que mais impactarem você. Para inspirar você, cito alguns títulos que foram muito relevantes para mim no processo de autoconhecimento.

A coragem de não agradar, de Fumitake Koga e Ichiro Kishimi,[18] mostra como se libertar do peso da aprovação alheia, nos ajudando a viver de maneira autêntica, assumir responsabilidade pelas próprias escolhas e encontrar a verdadeira liberdade e felicidade. *O poder do subconsciente*,[19] do professor norte-americano Joseph Murphy, ensina como reprogramar a mente para alcançar objetivos, superar medos e atrair prosperidade, além de mostrar o poder das crenças e da visualização positiva para transformar a realidade. *As cinco feridas emocionais*,[20] da filósofa canadense Lise Bourbeau, explora como as feridas de rejeição, abandono, humilhação, traição e injustiça moldam o nosso comportamento e oferecem caminhos para a cura e uma vida mais equilibrada. Por fim, *O mapa da felicidade*,[21] obra

---

[18] KISHIMI, I.; KOGA, F. **A coragem de não agradar**: como a filosofia pode ajudar você a se libertar da opinião dos outros, superar suas limitações e se tornar a pessoa que deseja. Rio de Janeiro: Sextante, 2018.

[19] MURPHY, J. **O poder do subconsciente**. Rio de Janeiro: Bertrand Brasil, 2019.

[20] BOURBEAU, L. **As cinco feridas emocionais**: como superar os sentimentos que impedem a sua felicidade. Rio de Janeiro: Sextante, 2020.

[21] CAPELAS, H. **O mapa da felicidade**: cure a sua vida e honre a sua história. São Paulo: Gente, 2021.

da brasileira especialista em autoconhecimento Heloísa Capelas, traz ferramentas práticas de autoconhecimento e inteligência emocional para que possamos ressignificar experiências, assumir o protagonismo da própria vida e trilhar um caminho mais consciente rumo à felicidade.

Crie o hábito de, todas as noites, listar três coisas pelas quais você é grato e reflitir sobre como esses elementos contribuem para o seu bem-estar. Reconhecer aspectos positivos da vida ajuda a reorientar o foco para o que realmente importa, promovendo equilíbrio emocional. Nessa atividade, nomear e validar os seus sentimentos é um passo essencial para o autoconhecimento, porque evitar emoções indesejadas sem assimilá-las pode gerar bloqueios, assim como aceitá-las auxilia na promoção da cura.

Quando sentir algo intenso, pergunte-se: "O que exatamente estou sentindo? O que isso está tentando me ensinar?". Quanto mais você mergulha em si mesmo, mais entende as suas necessidades e os seus desejos, e isso transforma não apenas a sua vida, mas também as relações ao seu redor.

Experimente as ferramentas sugeridas neste capítulo e descubra o poder de se conhecer profundamente.

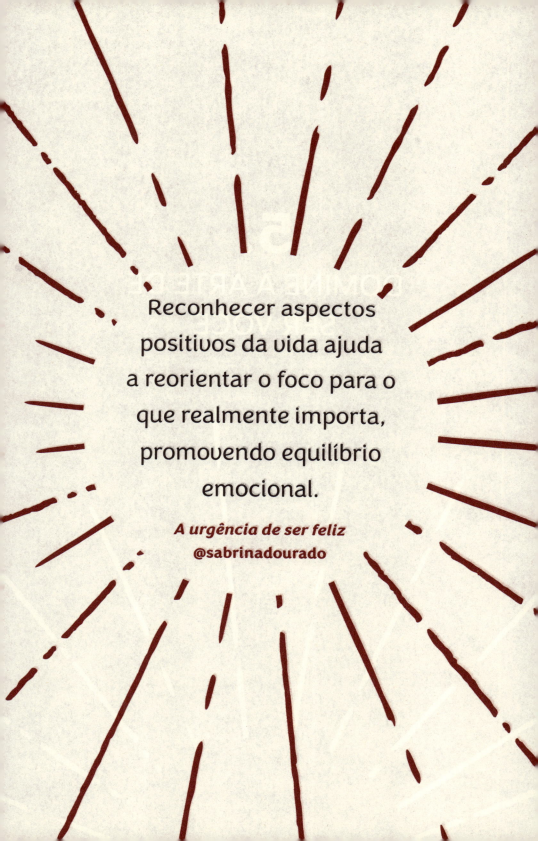

Reconhecer aspectos positivos da vida ajuda a reorientar o foco para o que realmente importa, promovendo equilíbrio emocional.

A urgência de ser feliz
@sabrinadourado

5.
DOMINE A ARTE DE SER VOCÊ

Ser você mesmo é uma arte, e muitos passam a vida tentando dominá-la. Sempre digo que está cada vez mais desafiador sermos nós mesmos. Em um mundo onde constantemente nos dizem quem devemos ser, nosso desafio diário é encontrar e abraçar a nossa verdadeira essência, mesmo que isso possa parecer um desafio monumental. É nessa busca trabalhosa, mas autêntica, que está a chave para a felicidade e o sucesso.

Cada um de nós tem talentos únicos, e é na expressão plena deles que encontramos o nosso propósito e realizamos o nosso potencial máximo. Assim conseguimos liberar a nossa voz, os nossos dons, os nossos talentos e as nossas habilidades personalíssimas.

O primeiro passo para dominar a arte de ser você é reconhecer que você é único. Houve um momento na minha vida em que eu mesma não me via assim, então entendo se você estiver lendo estas palavras e se sentindo muito distante da possibilidade de se encontrar em essência e verdade. Mas quero relembrar que não há outra pessoa no mundo exatamente como você. As suas experiências, as suas perspectivas e as suas habilidades são exclusivas, e essa singularidade é a sua maior força.

Em vez de tentar se encaixar em moldes predeterminados pela sociedade, celebre o que torna você diferente. É assim que começa a jornada para potencializar as suas habilidades únicas: evoluir sempre, sem se esquecer das suas origens, da sua história, das suas vivências, dos seus traumas, das suas experiências, das suas conquistas e dos desafios que já venceu. Tudo isso fez e faz parte de você e é inegociável.

Apenas a partir do reconhecimento das nossas origens é que nos enxergamos de maneira mais profunda, e por isso quero propor um desafio transformador.

ÁRVORE GENEALÓGICA DOS TALENTOS E DONS

Uma árvore genealógica é uma estrutura visual que mostra as relações familiares entre diversos indivíduos de diferentes gerações de uma família. Ela geralmente começa com um único indivíduo ou casal e se ramifica para incluir filhos, netos, bisnetos e assim por diante. É uma maneira de entender a história e a linhagem da família, ajudando a identificar ancestrais e parentes.

Essa construção é mais do que um registro de nomes e datas, é uma ferramenta poderosa para compreender as suas raízes e descobrir como os padrões familiares de tanto tempo atrás moldam quem você é hoje. Ao explorar as suas origens, você pode identificar traços herdados, crenças transmitidas e até mesmo ciclos que se repetem ao longo das gerações. Essa consciência ajuda a entender as influências que moldaram a sua identidade e a escolher analítica e conscientemente o que quer perpetuar ou transformar a partir disso.

Ao estruturar uma árvore genealógica, trazemos à tona histórias que de outra maneira provavelmente permaneceriam ocultas. Conflitos, desafios superados e valores compartilhados emergem, revelando conexões profundas entre o passado e o presente. Esse processo também pode ser terapêutico, pois nos permite honrar os nossos antepassados e reconhecer como as escolhas e as experiências de cada um que veio antes de nós impactaram a nossa vida hoje.

A importância dessa ferramenta reside na capacidade de ela iluminar tanto os recursos internos quanto os bloqueios que carregamos. Identificar esses padrões intergeracionais nos dá o poder de quebrar ciclos prejudiciais e cultivar comportamentos mais saudáveis e conscientes. Além disso, compreender a nossa história familiar nos ajuda a nos conectarmos mais profundamente com a nossa própria história e a criar um senso mais claro de pertencimento e propósito.

Cada família tem a própria estrutura, o próprio padrão e um modelo único, com todas as peculiaridades e singularidades dela. Use-a como a sua referência sagrada. A seguir, apresento uma sugestão de árvore genealógica básica, formada pelas últimas quatro gerações. Quero salientar que as descrições que apresento aqui são genéricas, apenas um norte para a sua própria construção, e você vai precisar buscar essas referências na sua família, combinado? Pode ser que você encontre mais informações de um indivíduo ou ramo da família, e isso só reforça como a sua realidade é única.

Raízes: bisavós (fundadores)

Nas raízes da sua árvore estão os seus bisavós, que simbolizam as fundações da sua linhagem, os pioneiros que enfrentaram desafios e abriram caminhos. As raízes profundas representam a força e a resiliência. Que dons podem ter vindo dessa geração?

- **Bisavô paterno**: um homem de trabalho duro e persistência. Possivelmente artesão, agricultor ou comerciante, que deixou como legado a capacidade de transformar dificuldades em oportunidades. Os dons dele poderiam ser a força de vontade, a habilidade com as mãos e o espírito empreendedor.
- **Bisavó paterna**: uma mulher de fé inabalável e habilidades práticas. Alguém que sabia nutrir tanto a família quanto a terra com carinho e sabedoria. Os dons dela poderiam ser a sabedoria intuitiva, o cuidado com o outro e a resistência emocional.

- **Bisavô materno**: um explorador ou um visionário. Alguém que ousou sonhar além das limitações do próprio tempo. Os dons dele poderiam ser a criatividade e a capacidade de enxergar além do óbvio.
- **Bisavó materna**: guardiã dos costumes e da cultura familiar, uma verdadeira matriarca. Os dons dela poderiam ser a tradição oral, a organização do lar e a capacidade de criar laços fortes.

Tronco: os avós (cuidadores)

O tronco da árvore é composto dos avós, que são o elo mais direto entre as raízes e os ramos. Eles transmitem valores e habilidades com base no que receberam e no que viveram e são os pilares da família.

- **Avô paterno**: um homem que trabalhou para construir e manter. Pode ter sido alguém que desenvolveu força física e capacidade de liderança na comunidade. Os dons dele podem ser a liderança natural, a resiliência em tempos de crise e a habilidade de construção (literal ou figurativa).
- **Avó paterna**: conhecida pela perseverança e pela determinação, pode ter equilibrado trabalho, família e os próprios sonhos. Os dons dela podem ser a gestão, a habilidade de manter a harmonia e o espírito criativo nas adversidades.
- **Avô materno**: talvez tenha sido um contador de histórias, um homem de grande sensibilidade. Os dons dele podem estar relacionados à comunicação, à influência sobre as pessoas e à habilidade de conectar gerações.
- **Avó materna**: uma mulher dotada de habilidades sociais e que mantém a família unida. Os dons dela podem ser a empatia, a diplomacia e a habilidade de acolher e criar redes de apoio.

Galhos principais: os pais (guias)

Os galhos principais são os seus pais, o elo direto entre você e as gerações passadas. Os seus dons e talentos podem ser uma combinação dos dons recebidos dos seus pais e dos seus avós, então aqui começa um momento bastante importante: o seu reconhecimento pessoal.

- **Pai**: pode ter herdado do pai dele a capacidade de liderança ou a habilidade de construir algo sólido e duradouro. Pode ter desenvolvido o próprio dom de decisão, praticidade ou estratégia.
- **Mãe**: pode ter herdado a empatia da mãe e a criatividade da avó, equilibrando o papel de cuidadora com a capacidade de realizar os próprios sonhos. Os dons dela podem ser a compaixão, a criatividade e a sabedoria emocional.

Folhas: você e os seus irmãos (transformadores)

As folhas representam você e os seus irmãos, a nova geração que recebe a herança dos ancestrais e a transforma de acordo com as próprias experiências e percepção de mundo.

- **Você**: neste ponto, identifique quais dons e talentos você herdou de cada geração. Pode ser que a força e a resiliência do seu bisavô se manifestem na sua carreira ou que a empatia e a sabedoria da sua avó se reflitam na maneira como você lida com relacionamentos. Quais são os seus principais talentos? O que você sente que foi transmitido dos seus ancestrais e ainda vive em você?

> **PERGUNTAS DE REFLEXÃO**
>
> - Quais características dos seus pais e dos seus avós você reconhece em si mesmo?
> - Quais habilidades criativas, emocionais ou práticas parecem naturais para você?
> - Como você pode aprimorar esses talentos e usá-los para o seu crescimento pessoal?

Frutos: os seus filhos (legado futuro)

Os frutos representam os seus filhos ou as futuras gerações. Assim como você recebeu dons, você os transmitirá. Pense no tipo de legado que você quer deixar para eles.

- **Legado pessoal**: quais talentos e dons você quer fortalecer nos seus filhos ou nas próximas gerações? Quais valores você deseja que eles carreguem?

DESCOBRINDO O QUE VOCÊ FAZ DE MELHOR

Descobrir os seus talentos é uma jornada introspectiva muito valiosa, e o início dessa busca pode ser guiado pelas seguintes perguntas:

- O que você faz de melhor?
- O que você ama fazer?
- O que você faz que parece fácil para você, mas desafiador para os outros?

Muitas vezes, os nossos talentos estão escondidos no que fazemos sem esforço, nas atividades aparentemente simples que nos dão alegria e satisfação; então, se permita explorar essas pistas e seguir a trilha das suas paixões. Para potencializar as suas habilidades, é crucial desenvolver uma mentalidade de crescimento: acredite que as suas capacidades podem ser aprimoradas com esforço, aprendizado e prática. Essa mentalidade permitirá que você enfrente desafios, aprenda com os erros e continue crescendo. Também é importante lembrar que até mesmo os maiores talentos requerem dedicação e perseverança para que possam se desenvolver plenamente.

==**Cercar-se de pessoas que acreditam em você e o incentivam é fundamental. Construa uma rede de apoio composta de amigos, mentores e colegas que reconhecem o seu valor e impulsionam você a crescer. Esses relacionamentos positivos fornecem o suporte emocional e os insights necessários para que você continue evoluindo e potencializando as suas habilidades, inclusive as interpessoais.**==

Invista também em autoconhecimento. Reserve um tempo periódico para refletir sobre as suas experiências, as suas reações e os seus sentimentos no dia a dia e em situações específicas. Ferramentas como a meditação, o journaling e até mesmo a terapia podem ser valiosas para aprofundar a sua compreensão de si mesmo. Quanto mais você se conhecer, mais fácil será identificar e cultivar os seus talentos.

Como muitas vezes o crescimento real ocorre quando nos desafiamos a experimentar coisas novas e a enfrentar os nossos medos, não tenha receio de sair da sua zona de conforto, já que cada novo desafio é uma oportunidade de descobrir novas habilidades e fortalecer as já existentes. Lembre-se de que a coragem para sair da zona de conforto é o que separa os que sonham dos que realizam.

Saber aonde você quer chegar é crucial para que seja possível traçar um caminho efetivo para o desenvolvimento das suas habilidades, então estabeleça metas claras e atingíveis. Defina objetivos de curto, médio e longo prazos que sejam específicos, mensuráveis, alcançáveis, relevantes e com prazo determinado, porque isso o ajudará a manter o foco e medir o seu progresso ao longo do tempo.

A minha sugestão para essa construção é a ferramenta SMART, um modelo de gestão amplamente utilizado para estabelecer metas claras e eficazes, garantindo que sejam tangíveis e atingíveis. O objetivo desse método é evitar metas vagas ou mal definidas, que podem ser difíceis de alcançar ou medir.

Vamos explorar cada componente, cujas iniciais formam o nome da ferramenta e são bastante intuitivos:

- S (*specific* –> específica): a meta deve ser clara e detalhada.
- M (*measurable* –> mensurável): a meta deve ser quantificável, para que seja possível medir o progresso dela.
- A (*achievable* –> atingível): a meta precisa ser realista e possível de ser alcançada.
- R (*relevant* –> relevante): a meta deve ser importante e alinhada com o quanto ela significa para você.
- T (*time-bound* –> temporal): a meta deve ter um prazo definido para ser alcançada.

Para que você visualize com mais clareza, aqui está um exemplo de como definir cada etapa do método, tendo como objetivo principal aprender um novo idioma:

A urgência de ser feliz

CRITÉRIO	DESCRIÇÃO
Specific → específica	Aprender espanhol básico.
Measurable → mensurável	Completar um curso on-line de trinta horas e praticar trinta minutos por dia.
Achievable → atingível	Dedicar tempo diário ao estudo e à prática do idioma.
Relevant → relevante	Melhorar as habilidades de comunicação para viagens e trabalho.
Time-bound → temporal	Alcançar a meta em seis meses.

É evidente que a prática é um elemento essencial para o desenvolvimento de qualquer talento. Dedique um tempo regular para praticar as suas habilidades, focando aspectos específicos que você deseja melhorar em cada uma delas. A prática deliberada é mais do que a repetição, envolve um esforço consciente para aprimorar cada detalhe, buscando sempre a excelência. Para isso, você pode, por exemplo, fazer cursos, ler livros, ver vídeos sobre o assunto, além de participar de grupos de discussão e ação. Há uma infinidade de maneiras de refinar as suas habilidades.

Ao praticar, aceite os fracassos e aprenda com eles. O caminho para a maestria está repleto de obstáculos e contratempos, e cada erro é uma lição disfarçada, uma oportunidade para ajustar a sua abordagem e tentar novamente com mais sabedoria. Encare os insucessos e as frustrações como degraus necessários na escalada rumo ao domínio das suas habilidades.

Inspire-se em outros, mas nunca perca a sua autenticidade. Estudar a trajetória de pessoas que você admira pode fornecer lições valiosas e se tornar um enorme motor de motivação. No entanto, lembre-se sempre de que o seu caminho é único. Adapte os aprendizados às suas próprias circunstâncias e à sua personalidade, mantendo-se fiel à sua essência e sem se esquecer da sua realidade. Você pode se inspirar em diversas pessoas, mas não precisa copiar ninguém.

Por fim, jamais deixe de celebrar as suas conquistas, por menores que sejam. Cada avanço na direção certa merece comemoração. Reconheça o seu progresso no dia a dia e se permita sentir orgulho das suas realizações, das menores às maiores. Essa atitude positiva reforça a confiança e motiva a continuar investindo em si mesmo. Lembre-se de que dominar a arte de ser você é uma jornada contínua e que cada passo nessa jornada é valioso.

Discutimos bastante aqui como os seus talentos são uma expressão única de quem você é, são divinos. Todos nós nascemos com dons que nos diferenciam dos outros, e quando conseguimos identificar e abraçar esses talentos encontramos o caminho para uma vida mais plena e satisfatória. Às vezes, esses talentos estão esperando para serem descobertos e cultivados, escondidos sob camadas de insegurança ou medo, pois há momentos, em especial na infância, em que somos levados a desenvolver habilidades que correspondem às expectativas dos nossos familiares sobre nós, ou até mesmo as próprias projeções deles, em expectativas de como devemos nos desenvolver. Por esse motivo, é fácil constatar a razão de tanta infelicidade nos locais de trabalho.

Quando falamos sobre potencializar as suas habilidades únicas, não significa apenas ser bom em algo, e sim explorar ao máximo aquilo que só você pode oferecer ao mundo. Quando você se dedica a aprimorar as suas habilidades, começa a ver as oportunidades que surgem naturalmente ao seu redor e passa a atrair situações que ressoam com a sua verdadeira essência. Isso é magnífico, pois coloca você mais próximo do seu verdadeiro eu e, em especial, da sua felicidade.

É por isso, também, que ser você mesmo exige coragem, sobretudo em um mundo que muitas vezes valoriza a conformidade. E é exatamente essa coragem que abre portas para novas possibilidades e experiências. Quando escolhe ser fiel a quem verdadeiramente é, mesmo que isso signifique nadar contra a corrente, você se coloca em um caminho de autenticidade que leva a uma vida mais rica e significativa. E isso não quer dizer que não sentirá dúvidas ao longo do caminho. É preciso entender que muitas pessoas não farão mais parte da sua jornada. Eu sofri muito com isso e não quero que aconteça o mesmo com você. A minha dificuldade, em diversas situações, foi tentar me encaixar em grupos que não estavam alinhados aos meus princípios e valores e, por muitos anos, a necessidade de ser aprovada, amada e validada me fez conviver com pessoas tóxicas.

Sabe o que é mais alarmante? Eu não me dava conta disso. Em diversos ambientes profissionais nos quais ministrei aulas, me submetia a situações desequilibradas, me apegava às pessoas e depois percebia que elas já não faziam mais parte da minha jornada. Era doloroso. Com o tempo, pude entender que algumas delas nunca fizeram realmente parte da minha história. Abra mão desse padrão de validação a qualquer custo e decida parar de sofrer.

O meu desejo é que você descubra que vale muito a pena ser quem você nasceu para ser, mesmo que tenha de abrir mão de pessoas e hábitos que já não impulsionam você. Desenvolver as suas habilidades únicas também é um ato de amor-próprio. Ao investir tempo e energia em aprimorar o que já faz de melhor, abrindo mão daquilo que não faz mais sentido ou que prende você ao passado, você está se honrando e se permitindo florescer na sua plenitude. Isso não só beneficia você, mas também as pessoas ao seu redor, que podem se inspirar na sua autenticidade e na sua jornada de autodescoberta. A felicidade se achega, em especial, quando entendemos que ela não precisa de nada requintado para estar em nós.

É importante lembrar que dominar a arte de ser você também não é um destino, e sim uma jornada contínua. À medida que você cresce e evolui, os seus talentos e as suas habilidades também se expandem. Portanto, esteja aberto a viver novas experiências e aprendizagens e nunca pare de explorar as profundezas do seu ser. Não se trata de ser perfeito, apenas de ser verdadeiro consigo mesmo. Quando se permite ser quem realmente é, sem máscaras nem disfarces, você descobre uma liberdade interior que é incomparável.

Viver a partir dessa autenticidade também atrai conexões mais genuínas, porque dominar a arte de ser você é viver com integridade, sendo fiel aos seus valores e à sua percepção de mundo. As pessoas se sentem naturalmente atraídas por aqueles que são autênticos, e essas conexões podem levar a colaborações e oportunidades que você jamais imaginou serem possíveis. Ao ser você mesmo, você cria um impacto positivo no mundo, deixando um legado único.

Todos nós nascemos com talentos intrínsecos, aqueles dons naturais que parecem fluir sem esforço. São essas habilidades que, quando identificadas e nutridas, podem nos levar a alcançar realizações significativas e uma sensação profunda de satisfação. Porém, tão importante quanto esses talentos inatos é a disposição de buscar e adquirir novos conhecimentos e habilidades que complementem e ampliem aquilo que já fazemos bem. Essa combinação de dons naturais e habilidades adquiridas é o que nos permite viver plenamente o nosso chamado.

As habilidades adquiridas por meio de estudo e prática nos permitem expandir as nossas capacidades e nos tornam mais completos na nossa missão. Buscar novos conhecimentos que ressoam com o seu propósito é uma maneira poderosa de crescer e se desenvolver. Essas habilidades complementam os seus talentos intrínsecos e tornam você mais preparado para enfrentar desafios e aproveitar oportunidades que surgem na sua jornada. Isso porque a constante busca por aprendizado é uma maneira de nos mantermos conectados com a nossa missão e de nos adaptarmos às mudanças que são necessárias na vida.

Reconhecer que os talentos podem ser tanto inatos quanto desenvolvidos nos permite entender que não estamos limitados apenas àquilo que já sabemos fazer e que temos a capacidade de expandir e aprimorar as nossas habilidades ao longo do tempo. Essa mentalidade de crescimento dá confiança para explorar novos caminhos e descobrir outras paixões que, embora ainda não estejam totalmente desenvolvidas, podem se tornar parte essencial da nossa missão. Essa combinação de talentos naturais e adquiridos é o que nos torna únicos e capazes de realizar o nosso propósito de maneira plena.

> Quando você se compromete a buscar e desenvolver os seus talentos, está, na verdade, se comprometendo com a sua própria evolução e com a realização do seu propósito único. Essa jornada de autodescoberta e crescimento contínuo é fundamental para viver uma vida que não só satisfaz você, mas também contribui para o bem maior de todos ao redor.

6.
CONTROLE AS SUAS CRENÇAS E OS SEUS SABOTADORES

Todos nós carregamos um conjunto de crenças e pensamentos que moldam a nossa visão do mundo e de nós mesmos. Essas crenças, muitas vezes inconscientes, podem ser poderosas aliadas ou enormes inimigas silenciosas. Controlar essas crenças e identificar os nossos sabotadores internos é essencial para alcançar uma vida plena e feliz.

O QUE IMPEDE VOCÊ?

As crenças limitantes são pensamentos que, repetidos ao longo do tempo, acabam se tornando verdades absolutas na nossa mente e passam a fazer parte da nossa vida de modo latente e real. Elas podem surgir de experiências passadas, da educação, da cultura e de influências socioculturais.

Frases como "Eu não sou bom o suficiente", "Isso não é para mim" e "É tarde demais para mudar" são exemplos comuns de crenças limitantes que nos impedem de progredir porque, ao serem repetidas com frequência, vão sendo internalizadas como verdades fundamentais. Assim, passam a compor a falsa realidade à nossa volta e acabam por nos moldar de um modo falacioso que acaba por refletir a nossa realidade externa.

Em geral, as crenças limitantes são construídas na infância, mas podem ser enraizadas nas mais variadas fases da vida, em especial quando estamos em momentos de fragilidade, quando não conseguimos identificar a nossa essência e real identidade. Ao estarmos fragilizados, machucados e imersos em relações tóxicas, essas situações são internalizadas, mesmo quando adultos.

O autoconhecimento desempenha um papel de extrema relevância na quebra dessas crenças. Quando sabemos quem somos, qual é a nossa força e o nosso verdadeiro potencial, um novo mundo se descortina. Acredite, é libertador, ainda que seja preciso investir tempo para a formação de novos modelos mentais. Costumo dizer que, ao despertarmos a consciência, uma nova realidade se apresenta, é como se acordássemos de um sono opressor e profundo e passássemos a nos ver de verdade. Isso só é possível quando nos permitimos nos conhecer e assumir a nossa identidade. Deus nos criou únicos e nos convida para esse "lugar" existencial.

É por isso que identificar as crenças limitantes é o primeiro passo para retomar o controle da nossa vida. Pergunte-se: "Quais são os pensamentos recorrentes que me impedem de alcançar os meus objetivos?". Anote esses pensamentos e reflita sobre as origens deles, como e quando começaram. Muitas vezes, ao trazer essas crenças à luz da consciência, já começamos a enfraquecê-las, pois abrimos caminho para análise e reflexão, questionando a validade delas.

A SUA MENTE NÃO É UM INIMIGO

Todos nós convivemos com críticos internos que nos dizem que não somos capazes, que nos fazem duvidar das nossas habilidades e nos mantêm presos em ciclos de autossabotagem. São os famosos sabotadores, que podem ser vozes críticas herdadas de figuras de autoridade do passado ou simplesmente padrões de pensamento negativo que desenvolvemos ao longo da vida. Dentre as figuras de autoridade, destaco pais, professores, chefes religiosos e figuras políticas. Muitas vezes, essas pessoas nos incutem padrões que nos levam a acreditar que não somos bons o suficiente, que só é possível ganhar dinheiro com muito sacrifício, que ricos não

A urgência de ser feliz

vão para o céu e outras afirmações de senso comum que podem se tornar "verdades" que nos limitam e nos impedem de alcançar resultados surpreendentes.

Os sabotadores são aspectos internos que minam o nosso progresso, agindo como obstáculos que nos afastam das nossas metas e dos nossos sonhos. Eles se manifestam de modo sutil, geralmente na forma de autocrítica, procrastinação ou medos infundados. Esses comportamentos são alimentados por crenças limitantes, aquelas ideias profundamente enraizadas sobre nós mesmos e sobre o mundo, muitas vezes adquiridas na infância ou em experiências marcantes ao longo da vida.

Enquanto as crenças limitantes são as bases dos nossos pensamentos restritivos, os sabotadores são os reflexos comportamentais dessas crenças. Por exemplo, a crença limitante que diz "não sou bom o suficiente" pode se manifestar como um sabotador que evita desafios, que teme o fracasso ou que se conforma com menos do que merece. Alguém com a crença limitante "não sou criativo" pode apresentar um sabotador que evita qualquer atividade artística ou inovação no trabalho. Assim, os sabotadores são como ecos propulsores das crenças limitantes, atuando para reforçar os mesmos padrões de limitação.

Os sabotadores têm origem em mecanismos de defesa que desenvolvemos ao longo do tempo para que possamos lidar com situações desafiadoras. Quando esses mecanismos permanecem ativos mesmo quando não são mais necessários, eles se tornam prejudiciais. A diferença entre sabotadores e crenças limitantes está no modo como se apresentam. Enquanto as crenças limitantes estão mais relacionadas a pensamentos e interpretações do mundo, os sabotadores se manifestam em ações – ou na falta delas.

Identificar esses dois elementos é crucial para o autoconhecimento. Ao reconhecer uma crença limitante, você pode questioná-la e buscar evidências que a contradigam, enfraquecendo o poder que ela coloca sobre você. Já ao identificar sabotadores, pode adotar estratégias práticas para superá-los, como técnicas de autocompaixão, foco no presente e estabelecimento de metas alcançáveis.

Superar sabotadores e crenças limitantes é um trabalho contínuo que exige paciência e comprometimento. Ferramentas como journaling, terapia e mindfulness são aliadas valiosas nesse processo. O journaling, do qual já falamos, pode ajudar a rastrear pensamentos e comportamentos, enquanto a terapia oferece um espaço seguro para explorar as origens profundas dessas barreiras a partir do apoio de um olhar acolhedor e especializado.

Ao transformar crenças limitantes em pensamentos fortalecedores e vencer sabotadores com ações consistentes, você se torna mais livre para viver de acordo com o seu verdadeiro potencial. Esse processo não apenas permite conquistar objetivos como também fortalece a autoconfiança e a resiliência diante dos desafios da vida. É um convite para que você se liberte das amarras internas e abrace uma vida de plenitude e autenticidade.

Outra técnica poderosa para lidar com os sabotadores é personificá-los, dando a eles um nome e uma forma. Imagine-os como personagens na sua mente. Isso ajuda você a se distanciar e a perceber que esses pensamentos não definem quem você é. Com essa distância, você pode começar a dialogar com eles de modo mais objetivo e menos emocional.

Para que seja mais fácil identificar e superar os sabotadores, vamos conhecer um pouco mais deles:

A urgência de ser feliz

1. O crítico: tende a encontrar defeitos em si mesmo, nos outros e nas situações.
- Comportamentos comuns: perfeccionismo, autocrítica severa, foco exagerado nos problemas.
- Impactos negativos: sensação de inadequação, baixa autoestima e aumento de ansiedade.
- Como transformar em impulsionador: usar a capacidade analítica para identificar soluções, praticar a gratidão e reconhecer esforços.
- Mudanças de pensamento: troque "Nunca sou bom o suficiente" por "Estou aprendendo e crescendo a cada dia".
- Afirmações positivas: "Sou digno do meu respeito"; "Os meus esforços têm valor".
- Estratégias práticas: praticar mindfulness e registrar as conquistas diárias atingidas.

2. O prestativo: tem foco exagerado em agradar os outros, muitas vezes à custa das próprias necessidades.
- Comportamentos comuns: dificuldade em dizer "não" e busca constante por validação externa.
- Impactos negativos: exaustão emocional, perda de identidade e ressentimento acumulado.
- Como transformar em impulsionador: usar a empatia para construir relações autênticas, com equilíbrio entre dar e receber.
- Mudanças de pensamento: troque "Preciso agradar para ser aceito" por "Sou valioso independentemente de como os outros me vejam".
- Afirmações positivas: "Dizer 'não' é um ato de amor-próprio"; "As minhas necessidades importam tanto quanto as dos outros".
- Estratégias práticas: dizer "não" em situações de baixo risco e definir limites claros para preservar a própria energia.

3. O controlador: alimenta o desejo de controlar tudo e todos ao redor para se sentir seguro.
- Comportamentos comuns: microgerenciamento, dificuldade em delegar, impaciência.
- Impactos negativos: estresse, tensão em relações e esgotamento por assumir responsabilidades demais.
- Como transformar em impulsionador: aprender a confiar nos outros e aceitar que nem tudo depende de si.
- Mudanças de pensamento: troque "Preciso controlar tudo para garantir o sucesso" por "Confio nos outros e no processo".
- Afirmações positivas: "A confiança cria colaboração e crescimento"; "Desapegar é uma demonstração de força".
- Estratégias práticas: delegar pequenas tarefas para construir confiança e praticar respiração profunda ao enfrentar situações que fogem do seu controle.

4. O esquivo: evita conflitos e responsabilidades, priorizando conforto imediato.
- Comportamentos comuns: procrastinação, falta de enfrentamento.
- Impactos negativos: problemas acumulados, perda de oportunidades e culpa por não agir.
- Como transformar em impulsionador: reconhecer que enfrentar desafios cria crescimento e fortalece a confiança.
- Mudanças de pensamento: troque "Evitar é mais seguro" por "Encarar é libertador e fortalecedor".
- Afirmações positivas: "Sou capaz de lidar com desafios"; "Cada pequena ação me aproxima dos meus objetivos".
- Estratégias práticas: estabelecer metas diárias pequenas e alcançáveis e praticar autocompromisso, como agir em algo desconfortável por cinco minutos.

5. O hiper-racional: foco excessivo na lógica e na análise, ignorando emoções e conexões.
- Comportamentos comuns: dificuldade em lidar com sentimentos próprios e alheios, priorização de resultados.
- Impactos negativos: relações superficiais e desconfiança emocional dos outros.
- Como transformar em impulsionador: usar a lógica para melhorar relações e considerar emoções como informações valiosas.
- Mudanças de pensamento: troque "Sentimentos atrapalham" por "As emoções são parte essencial das relações".
- Afirmações positivas: "Conectar-me é tão importante quanto compreender"; "Aceito e valorizo as minhas emoções e as dos outros".
- Estratégias práticas: praticar escuta ativa, validar emoções alheias e reservar um tempo para refletir sobre os próprios sentimentos.

6. O hiper-realizador: busca constante por realizações para se sentir valorizado.
- Comportamentos comuns: foco excessivo no trabalho, negligência das relações pessoais e do autocuidado.
- Impactos negativos: estresse, desconexão emocional e falta de satisfação duradoura.
- Como transformar em impulsionador: redefinir sucesso como um equilíbrio entre realizações e bem-estar pessoal.
- Mudanças de pensamento: troque "O meu valor está nas minhas conquistas" por "O meu valor está em quem eu sou, não no que eu faço".
- Afirmações positivas: "Eu sou suficiente, independentemente dos resultados que eu alcance"; "O sucesso também é desfrutar o momento presente".
- Estratégias práticas: praticar gratidão pelo que já foi conquistado e dedicar tempo às relações e ao lazer.

7. A vítima: tendência a se sentir injustiçado ou buscar compaixão por meio da vitimização.
- Comportamentos comuns: dramatização excessiva e busca de validação emocional.
- Impactos negativos: dreno emocional, relações codependentes e dificuldade em assumir responsabilidade.
- Como transformar em impulsionador: reconhecer a própria força e agir de maneira proativa para superar desafios.
- Mudanças de pensamento: troque "Ninguém entende o que eu passo" por "Sou capaz de criar a minha própria felicidade".
- Afirmações positivas: "Tenho a força para transformar a minha realidade"; "Assumo a responsabilidade pela minha vida".
- Estratégias práticas: focar soluções em vez de problemas e praticar autorreflexão para identificar padrões de vítima.

Identifique os seus sabotadores

Para que você possa fazer uma análise dos seus sabotadores e de como eles impactam a qualidade da sua rotina, o seu bem-estar e os seus resultados, eu criei o teste a seguir. Ele é simples, porém bastante assertivo. A minha proposta é que você possa não só reconhecer os seus sabotadores, mas também assumir novos comportamentos a partir das suas percepções.

Para cada afirmação a seguir, dê uma nota de 1 a 5, sendo:

- **1** = Nunca me sinto assim
- **3** = Às vezes me sinto assim
- **5** = Sempre me sinto assim

Parte 1: medo de fracasso
1. Quando começo algo novo, frequentemente imagino o que pode dar errado antes mesmo de tentar.
2. Prefiro evitar desafios, ainda que isso signifique não sair da minha zona de conforto.
3. Evito compartilhar os meus sonhos com os outros, por medo de ser julgado.

Parte 2: autojulgamento
4. Critico-me severamente quando cometo um erro, mesmo em situações de pouca importância.
5. Sinto que nunca faço o suficiente, ainda que esteja esgotado.
6. Comparo-me com outras pessoas e sempre sinto que estou em desvantagem.

Parte 3: procrastinação e adiamento
7. Mesmo sabendo o que preciso fazer, costumo deixar tarefas importantes para depois.
8. Costumo me distrair com outras atividades, especialmente quando algo importante está em jogo.
9. Frequentemente abandono planos ou deixo de completar projetos quando ficam difíceis.

Parte 4: medo de rejeição
10. Concordo com os outros, até quando isso vai contra o que realmente quero.
11. Tenho medo de que a minha autenticidade afaste as pessoas de mim.
12. Faço grandes esforços para evitar conflitos, mesmo nas situações em que discordo.

Parte 5: perfeccionismo

13. Acredito que só devo agir quando estiver 100% preparado.
14. Evito compartilhar o meu trabalho ou as minhas ideias antes de revisar tudo exaustivamente.
15. Sinto que não sou bom o suficiente, mesmo quando recebo elogios.

Resultados e identificação dos sabotadores

- **Medo de fracasso**: se você marcou 4 ou 5 em dois ou mais itens da Parte 1, o medo de fracassar pode estar impedindo você de se arriscar e buscar os seus objetivos.
- **Autojulgamento excessivo**: marcar 4 ou 5 em dois ou mais itens na Parte 2 indica que você pode estar se sabotando com autocrítica exagerada e afetando a sua confiança.
- **Procrastinação**: se a Parte 3 tem pontuações altas, a procrastinação pode ser uma estratégia inconsciente para evitar enfrentar desafios e o possível desconforto gerado por eles.
- **Medo de rejeição**: pontuações altas na Parte 4 mostram que você teme ser rejeitado e, por isso, evita se posicionar de maneira autêntica.
- **Perfeccionismo**: se a pontuação na Parte 5 é predominantemente alta, o perfeccionismo pode estar fazendo você esperar por uma situação "ideal" que nunca chega.

Cada um dos sabotadores identificados representa uma área em que você pode ganhar força, mudando hábitos e mentalidades para esse sabotador se tornar um impulsionador.

QUEM ESTÁ NO COMANDO? VOCÊ!

Ao desafiar as suas crenças, você abre espaço para novas perspectivas e possibilidades. Como exercício diário, é importante que você substitua uma crença limitante ou um sabotador insistente por uma crença positiva ou um pensamento edificante. Pode parecer complicado, mas pouco a pouco vira um hábito.

Sempre que identificar uma crença limitante ou um pensamento sabotador, questione a veracidade e a utilidade deles. Pergunte-se:

- Essa crença é baseada em fatos ou em interpretações distorcidas da realidade?
- Qual é a evidência contrária a essa crença?
- Como outras pessoas que admiro lidariam com esse pensamento?

Substituir crenças limitantes por crenças fortalecedoras é um processo gradual, mas transformador, então identifique afirmações positivas que você gostaria de internalizar e repita-as regularmente. Frases como "Eu sou capaz", "Eu mereço ser feliz" e "Eu estou aberto a novas oportunidades" podem reprogramar a sua mente para um padrão mais positivo e construtivo.

Praticar a autocompaixão é crucial nesse processo, porque muitas vezes somos os nossos piores críticos. Em vez de se punir pelas suas falhas, você deve se tratar com a mesma gentileza e compreensão que ofereceria a um amigo querido. A autocompaixão reduz o impacto dos sabotadores internos e fortalece a resiliência emocional.

Outra ferramenta poderosa para lidar com crenças limitantes e sabotadores é o mindfulness, ou exercício de atenção plena. Essa prática torna você mais consciente dos seus pensamentos e das suas emoções no momento presente, sem julgá-los, o que permite

Controle as suas crenças e os seus sabotadores

que você observe os seus padrões mentais com maior clareza e escolha respostas mais conscientes em vez de se deixar dominar por reações automáticas.

Estabelecer um ambiente de apoio é fundamental para sustentar mudanças positivas. Compartilhe as suas metas e os seus desafios com pessoas de confiança que possam oferecer suporte e encorajamento durante os desafios do dia a dia. Estar rodeado de influências positivas ajuda a reforçar novas crenças e a minimizar o impacto dos sabotadores internos.

Cada vez que você identificar e superar uma crença limitante ou um sabotador, reconheça o seu progresso e o celebre. As pequenas vitórias acumuladas ao longo do processo constroem um sentimento de autoconfiança e motivação que torna mais fácil continuar avançando na direção desejada.

A prática constante é essencial para transformar crenças e silenciar sabotadores, pois novos hábitos mentais não se formam da noite para o dia. Então, dedique-se a práticas diárias de reflexão, autoafirmação e mindfulness até que se tornem parte da sua rotina. Com o tempo, as suas crenças fortalecedoras substituirão as limitantes.

Durante o processo, esteja ciente de que o controle sobre as suas crenças e os seus sabotadores é um processo contínuo. Mesmo após fazer progressos significativos, é natural que, em momentos de estresse ou desafio, antigos padrões de pensamento possam ressurgir. Esteja preparado para lidar com esses acontecimentos com paciência e perseverança. Também é importante ressaltar que podem surgir

A urgência de ser feliz

novos sabotadores, tendo em vista dinâmicas relacionais (familiares, amorosas, profissionais); logo, mantenha-se atento à sua dinâmica interna e não se distraia com pequenos obstáculos.

Lembre-se de que você tem o poder de moldar a sua realidade. As suas crenças determinam os seus pensamentos, que por sua vez influenciam as suas ações e os seus resultados. Ao controlar as suas crenças e silenciar os seus sabotadores, você se torna o autor da própria história, capaz de viver de acordo com o seu verdadeiro potencial e alcançar uma felicidade duradoura e genuína.

7.
DOMINE O MEDO E A ANSIEDADE

De início, é importante destacar que o medo e a ansiedade são emoções naturais, esperadas e universais, presentes em todos nós durante a vida, pois têm raízes em mecanismos de sobrevivência. O cenário negativo é quando elas dominam os nossos pensamentos e comportamentos, nos impedindo de viver plenamente. É por isso que dominar essas emoções é essencial para viver com leveza e alegria.

Em termos de ansiedade, estamos vivendo tempos difíceis. O Brasil ocupa uma posição bastante preocupante, sendo o país com mais casos de ansiedade no mundo, segundo a OMS. Hoje, mais de 18 milhões de brasileiros sofrem de transtornos de ansiedade, índice que representa quase 10% da população.[22]

Não é segredo que precisamos começar a mudar esse cenário, e o primeiro passo para dominar o medo e a ansiedade é entender as origens deles. O medo é uma resposta natural a ameaças percebidas, enquanto a ansiedade é a antecipação de perigos futuros, reais ou não. Ambas as emoções são alimentadas, em muitas situações, por pensamentos catastróficos e pela insegurança gerada com o desconhecido. É por isso que identificar os gatilhos específicos que causam essas reações é crucial para começar a controlá-las.

---

[22] LEVANTAMENTO da ONU revela que Brasil lidera casos de ansiedade no mundo. **UNIFASE**, Petrópolis, 24 jul. 2024. Disponível em: https://www.unifase-rj.edu.br/levantamento-da-onu-revela-que-brasil-lidera-casos-de-ansiedade-no-mundo. Acesso em: 1 out. 2024.

Técnicas de respiração consciente são ferramentas poderosas para acalmar a mente e o corpo e podem ajudar a reduzir os níveis de ansiedade em alguns minutos, já que ao focar a respiração podemos ancorar a mente no presente, afastando os pensamentos ansiosos sobre o futuro. Muitas vezes, eu consegui voltar ao eixo utilizando técnicas de respiração, então quero apresentar uma delas para você.

A respiração 4-7-8 é uma técnica profunda criada pelo dr. Andrew Weil, médico estadunidense especialista em medicina integrativa. Inspirada em práticas de respiração em ioga pranayama, ajuda a relaxar o sistema nervoso, reduzir a ansiedade e melhorar a qualidade do sono, sendo especialmente eficaz para acalmar a mente e o corpo, criando um estado de relaxamento em poucos minutos.

O ponto positivo dessa e de outras técnicas de respiração é que elas podem ser realizadas em qualquer lugar, a qualquer momento em que o estresse ou a ansiedade surgirem. Por isso, ensino a você como começar a usar a respiração 4-7-8:

1. Inspire pelo nariz por quatro segundos. Essa inalação profunda leva oxigênio para os pulmões, aumentando a oxigenação do corpo.
2. Segure a respiração por sete segundos. Esse momento de pausa permite que o oxigênio seja mais bem absorvido pela corrente sanguínea e obriga o corpo desacelerar naturalmente.
3. Expire lentamente pela boca por oito segundos. Durante essa longa expiração, você libera dióxido de carbono e cria um efeito relaxante que acalma o sistema nervoso.

A urgência de ser feliz

Os benefícios da respiração 4-7-8 são os seguintes:

- Redução do estresse e da ansiedade: ajuda a equilibrar o sistema nervoso, diminuindo a frequência cardíaca e promovendo uma sensação de calma.
- Melhoria do sono: promove o relaxamento necessário para adormecer mais rápido e ter um sono mais profundo.
- Controle de impulso: em situações de estresse ou raiva, essa respiração ajuda a criar uma pausa, permitindo uma resposta mais racional.
- Equilíbrio emocional: usar a respiração 4-7-8 regularmente auxilia no manejo de emoções intensas, oferecendo um "ponto de apoio" mental e físico.

Outra prática eficaz para lidar com o medo e a ansiedade é prestar atenção no momento presente de modo intencional e sem julgamento. Isso permite que você avalie os seus pensamentos e as suas emoções com maior clareza e distanciamento, tornando mais fácil lidar com eles de maneira construtiva.

Quando sentir medo ou ansiedade, tente se acalmar, se concentre e questione a veracidade dos seus pensamentos negativos. Pergunte-se:

- Essa preocupação é baseada em fatos ou em suposições?
- Qual é a pior coisa que pode acontecer agora e quão provável isso é de fato?

Muitas vezes, ao desafiarmos os nossos pensamentos irracionais, percebemos que eles não têm tanto poder sobre nós e assim conseguimos retomar o controle da situação e fazer escolhas mais seguras e racionais naquele momento.

VOCÊ TEM CUIDADO DE SI?

Estabelecer uma rotina de autocuidado é fundamental para gerenciar o estresse e a ansiedade. Praticar atividades físicas regularmente, manter uma alimentação equilibrada, dormir bem e reservar tempo para hobbies e lazer são elementos essenciais para uma mente tranquila e resiliente. Por muito tempo, eu relutei em adotar práticas de atividade física; mas, quando as encarei, os níveis de ansiedade e a química da felicidade passaram a ser muito reais na minha rotina.

Em conjunto com os cuidados físicos, é importante darmos atenção rotineira aos nossos sentimentos. A prática da gratidão, por exemplo, pode ser um antídoto poderoso contra a ansiedade. Reservar um momento do dia para refletir sobre coisas pelas quais você é grato muda o seu foco das preocupações para as realizações positivas da sua vida. Isso não só reduz a ansiedade como também aumenta o bem-estar geral.

Este é um exercício para que você possa vivenciar o poder da gratidão no seu corpo e na sua mente, permitindo que ela o encha de paz e alegria.

Passo 1: encontre um lugar tranquilo e confortável
- Sente-se ou deite-se em um ambiente onde você possa relaxar completamente, sem interrupções.
- Feche os olhos, inspire fundo, soltando o ar pela boca, e vá se preparando para sentir a gratidão fluindo no seu ser.

Passo 2: agradeça o seu presente
- Coloque uma mão sobre o coração e sinta-o batendo.
- Pense nas pequenas bênçãos do seu dia: o ar que respirou, o alimento que consumiu, uma pessoa especial que esteve ao seu lado e em especial o simples fato de estar vivo.

- Respire fundo e mentalize: "Eu sou grato pelo presente que é a minha vida".

Passo 3: recorde três momentos significativos da sua vida
- Volte a sua atenção a três momentos-chave da sua vida que foram marcantes para você, como uma conquista, uma amizade, um encontro inesperado que trouxe alegria.
- Traga esses momentos, um de cada vez, e sinta a gratidão por ter vivido tais experiências. Imagine-se sorrindo nesses momentos e permita que a emoção daquela alegria envolva você agora.
- Diga mentalmente: "Sou grato por cada momento que fez de mim quem eu sou".

Passo 4: agradeça os desafios
- Pense em algo que tenha sido desafiador para você, que tenha causado dor, mas que hoje você entende como uma lição.
- Respire fundo e diga a si mesmo: "Eu sou grato por cada desafio, pois eles me fizeram crescer e me deram sabedoria".

Passo 5: envie gratidão ao seu futuro
- Agora visualize os seus próximos passos, os sonhos e as metas que pretende realizar.
- Imagine tudo dando certo e se sinta cheio de gratidão por cada conquista futura, como se elas já estivessem acontecendo.
- Diga: "Agradeço o futuro maravilhoso que me aguarda".

Passo 6: finalização e integração
- Respire fundo outra vez, depois expire pausadamente, sentindo a gratidão fluindo de dentro para fora.
- Abra os olhos lentamente, sorria para si mesmo e esteja presente para levar esse estado de gratidão com você pelo resto do dia.

PERCA O MEDO DE ENFRENTAR O MEDO

O medo do desconhecido é uma das principais causas da ansiedade. Como a incerteza pode ser desafiadora, quanto mais você souber de uma situação, mais preparado e confiante se sentirá para enfrentá-la. O seu medo pode ser vencido se buscar informação e conhecimento sobre o que assusta você. Para isso, ter um sistema de apoio sólido é vital. Compartilhar as suas preocupações com amigos, familiares ou um terapeuta pode fornecer novas perspectivas a uma questão e alívio emocional para grandes ou pequenas dúvidas, então não subestime o poder de uma conversa sincera e acolhedora para dissipar a ansiedade. E lembre-se: não tenha vergonha de pedir ajuda.

Aprenda a diferenciar o que você pode e o que não pode controlar. Gastar energia se preocupando com coisas que estão fora do seu controle só aumenta a sua ansiedade, então se concentre em ações e atitudes que estão ao seu alcance e faça o melhor que puder nessas situações. Por muitos anos, eu me vi tentando controlar tudo e todos, vivendo um padrão controlador que apenas revelava a minha insegurança.

Esse modelo mental de controle, que por vezes é advindo da infância, nos coloca desde muito jovens como resolvedores de problemas sérios, atitude que precisa ser mudada com urgência, porque nos consome, nos deixa ansiosos e até mesmo insatisfeitos. Eu sei, não é fácil, mas é factível. Comece aos poucos. E não será de uma hora para outra que tudo se resolverá: muitas vezes você vai tentar voltar ao padrão de desejo de controle, então, quando isso acontecer, respire, pratique a gratidão, sinta a vida em você e lembre-se de que não está sozinho, porque Deus está conduzindo cada detalhe da nossa vida.

Gosto muito de um trecho presente em Filipenses 4:6-7 que diz: "Não andem ansiosos por coisa alguma, mas em tudo, pela oração e súplicas, e com ação de graças, apresentem seus pedidos a

Deus. E a paz de Deus, que excede todo o entendimento, guardará os seus corações e as suas mentes em Cristo Jesus".[23]

Desafie-se a enfrentar os seus medos de modo gradual e seguro. Para isso, indico a técnica conhecida como exposição gradual, que envolve se expor de maneira controlada e progressiva às situações que provocam medo e angústia. Com o tempo, você perceberá que pode lidar com essas situações melhor do que imaginava. Assim como na reprogramação da mente contra os sabotadores, a autocompaixão é essencial quando se lida com o medo e a ansiedade, então seja gentil consigo mesmo ao enfrentar esses desafios. Reconheça que todos temos medos e que sentir ansiedade não faz você ser fraco. Praticar a autocompaixão reduz a pressão interna e promove uma abordagem mais gentil e eficaz para lidar com essas emoções.

Indico também técnicas de visualização positiva, que são capazes de transformar o medo e a ansiedade ao se imaginar enfrentando e superando esses obstáculos com sucesso. Pare, respire, encontre um lugar confortável e imagine a cena se alinhando. Deixe a calmaria tomar conta de você. Foque o que você tem, e não o que falta, e mentalize o sucesso surgindo. Como resultado, você vai se sentir feliz e confiante para os próximos desafios reais.

Visualizar cenários positivos cria uma sensação de domínio e confiança que prepara a sua mente para agir de acordo com essa visão. Cuide do que você percebe, inclusive. Essa jornada de infelicidade que assola muitos está intimamente ligada ao que nos permitimos visualizar nesses processos. Em especial, o que deixamos nos influenciar e tomar o nosso tempo, a nossa energia de vida, de sentimentos e emoções. Talvez você precise se desapegar do que tem visualizado até agora e limitado a sua felicidade.

---

[23] BÍBLIA. Filipenses 4:6-7. Disponível em: https://www.bibliaonline.com.br/nvi/fp/4/6,7. Acesso em: 6 nov. 2024.

Domine o medo e a ansiedade

Sugiro também que você mantenha um diário emocional para registrar os seus pensamentos e os seus sentimentos. Sinta-se livre durante a escrita desses registros, colocando as suas percepções, explicando quais emoções balizaram o seu dia ou alguma experiência marcante. Não deixe de documentar, em especial, situações que envolvam sentimentos de medo, ansiedade, raiva e angústia. Escrever sobre as suas experiências com o medo e a ansiedade pode proporcionar clareza e aliviar a sua carga emocional. O diário também serve como um registro de progresso, mostrando como você tem crescido e aprendido a lidar melhor com essas emoções. Não se esqueça de documentar também as conquistas emocionais, porque elas precisam ser lembradas e celebradas.

O PODER DA CONEXÃO ESPIRITUAL

Não posso deixar de evidenciar como a fé e a espiritualidade são âncoras poderosas contra o medo e a ansiedade. Quando nos conectamos a algo maior do que nós mesmos, como o amor de Deus ou de uma força universal, percebemos que não estamos sozinhos nas nossas lutas, por mais pessoais que elas sejam. Essa crença em um poder maior fortalece o nosso espírito e permite que enfrentemos as dificuldades com uma coragem que vai além da nossa capacidade individual. A fé nos lembra de que há um propósito em cada momento, inclusive nas dificuldades, e isso nos dá paz e confiança para seguirmos em frente.

A espiritualidade nos convida a um estado de presença no qual nos conectamos com a quietude que existe além dos pensamentos ansiosos. Práticas como a oração, a meditação e a contemplação permitem que a nossa mente encontre descanso e alívio. Em vez de tentarmos controlar tudo ao nosso redor, aceitamos a ideia de que existe uma ordem divina, algo que está além da nossa compreensão imediata. Esse tipo de entrega transforma o modo como lidamos com o medo, tornando-o menos avassalador e um lembrete de que podemos confiar em Deus e exercitar, na prática, a nossa fé.

Esses exercícios de confiança, fé e espiritualidade nos ajudam a perceber a vida com mais gratidão e esperança. Ao cultivarmos essa conexão interior, começamos a encarar o medo e a ansiedade não como inimigos, e sim como parte de uma jornada de crescimento pessoal e espiritual. Com essa perspectiva, aprendemos a caminhar com mais leveza, sabendo que, mesmo diante das dificuldades, estamos sendo guiados e protegidos até no mais tortuoso dos caminhos.

==Por fim, lembre-se de que dominar o medo e a ansiedade é um processo contínuo. Haverá altos e baixos, e isso é normal. Cada passo que você dá em direção ao controle dessas emoções é uma vitória. Continue praticando as técnicas que oferecem mais conforto a você, buscando apoio quando necessário, e celebre todas as suas conquistas. Viver sem ser dominado pelo medo e pela ansiedade é possível, e cada dia é uma nova oportunidade para alcançar essa liberdade.==

Domine o medo e a ansiedade

8.
CUIDE-SE: AUTOESTIMA NA PRÁTICA

Por muito tempo, eu releguei o cuidado comigo mesma. E você? A autoestima não é apenas gostar de si, mas também se tratar com amor e respeito. É cuidar do seu externo, assim como cuidar do seu diálogo interno. Ela é construída dia a dia, através de ações práticas que reforçam o seu valor pessoal e a sua capacidade de ser feliz. Este capítulo é um convite para transformar a teoria da autoestima em uma prática diária que impulsione a melhoria.

Hoje, a autoestima pode ser considerada mais do que um conceito, é uma experiência que molda a maneira como nos relacionamos com o mundo e, acima de tudo, conosco mesmos. Por isso, desejo que você construa uma autoestima feliz e equilibrada, por meio de reflexões, práticas e da sua própria história de superação e autocuidado.

O VALOR DE SABER QUEM VOCÊ É

Nos capítulos anteriores, descobrimos que existem muitos passos e ferramentas que auxiliam no autoconhecimento. Entender quem você é, conhecer as suas qualidades e o que faz você feliz, definir limites saudáveis, aprender a dizer "não" quando necessário e priorizar as suas necessidades sem culpa, cercar-se de pessoas que elevem você e praticar a gratidão e a autocompaixão diariamente foram alguns dos passos galgados até aqui.

Como cuidar do corpo é cuidar da mente, uma alimentação saudável, exercícios regulares e sono de qualidade também têm um impacto direto na sua autoestima. Quando você cuida do seu corpo, envia uma mensagem de amor e respeito a si mesmo, então encontre atividades físicas de que você gosta e faça delas uma parte regular da sua rotina.

Invista, ainda, no seu desenvolvimento pessoal, faça cursos, leia livros, participe de workshops e explore novos hobbies. Aprender coisas novas e expandir as suas habilidades aumenta a sua confiança e a sua autoestima. Cada nova conquista vai reforçar a crença na sua capacidade e no seu valor.

Mostre quem você realmente é. A maneira como você se apresenta ao mundo pode impactar diretamente a sua autoestima, por isso vista-se para o sucesso, escolha roupas que façam você se sentir confiante e confortável. Quando você gosta da sua aparência, isso se reflete na sua postura e na maneira como você interage com os outros. Nesse sentido, crie também um ambiente inspirador, decore a sua casa ou o seu local de trabalho com coisas que tragam alegria e motivação. O seu espaço pessoal deve ser um reflexo de quem você é e do que lhe faz bem. Um ambiente organizado e bonito pode melhorar significativamente o seu humor e a sua autoestima.

Definir objetivos e alcançá-los é outra maneira poderosa de construir autoestima, então estabeleça metas alcançáveis. Comece com pequenas metas diárias e vá aumentando gradualmente, como ler algumas páginas daquele livro que está na sua cabeceira há meses ou fazer exercícios uma vez por semana. Celebre cada conquista, não importando quão pequena ela possa parecer. Isso reforça a sua capacidade de alcançar o que deseja e estimula a buscar alcançar sempre mais.

Pratique a positividade verbal. As palavras têm poder, e a maneira como você fala sobre si mesmo impacta diretamente a sua autoestima. Evite a autodepreciação e use afirmações positivas para se fortalecer. Frases como "Eu sou capaz", "Eu mereço ser feliz" e "Eu sou suficiente" devem fazer parte do seu vocabulário diário.

Identifique os seus medos e dê pequenos passos para enfrentá-los. A autoestima cresce quando você se desafia e supera obstáculos, e cada vitória sobre o medo aumenta a sua confiança e reforça as sua crença nas suas capacidades de superação e enfrentamento.

Cuide também da sua saúde mental. Terapia, coaching e grupos de apoio podem ser recursos valiosos para melhorar a sua autoestima. Ter acompanhamento profissional pode oferecer novas perspectivas e ferramentas para lidar com desafios internos, por isso não hesite em buscar ajuda sempre que necessário.

Finalmente, aceite que a construção da autoestima é um processo contínuo. Não se trata de alcançar um estado final de perfeição, e sim de cultivar uma relação amorosa e respeitosa consigo mesmo ao longo da vida. Cada dia é uma nova oportunidade para se cuidar, se valorizar e reforçar a sua autoestima. Lembre-se de que viver é raro e ser feliz é urgente – e tudo começa com e em você.

O PILAR DA RELAÇÃO COM NÓS MESMOS

Autoestima é a maneira como percebemos e valorizamos a nós mesmos. Segundo Nathaniel Branden, psicoterapeuta canadense referência no tema, a autoestima é composta de dois pilares fundamentais: 1) a sensação de competência pessoal (saber que somos capazes de enfrentar os desafios da vida); 2) a convicção de que merecemos a felicidade.[24]

Quando a nossa autoestima está alta, nos sentimos mais confiantes, resilientes e prontos para cultivar relacionamentos e atitudes diárias saudáveis. Porém, quando negligenciamos o nosso valor, caímos em ciclos de autossabotagem e deixamos de investir em nós mesmos.

---

[24] BRANDEN, N. **The Six Pillars of Self-Esteem**: The Definitive Work on Self-Esteem by the Leading Pioneer in the Field. New York: Bantam Books, 1994.

UMA TRANSFORMAÇÃO INSPIRADORA

Em alguns momentos, quando estamos com a autoestima baixa, pode parecer impossível recuperar o prazer com o autocuidado e o orgulho de nós mesmos. Você já se sentiu assim? É mais comum do que imaginamos. Os comportamentos que refletem uma baixa autoestima incluem negligenciar a própria aparência ou a saúde, evitar desafios ou aceitar menos do que se merece e não ter autocompaixão diante de erros. Para que você compreenda que é possível superar essas adversidades, quero compartilhar duas histórias muito especiais para mim.

Juliana tinha 38 anos, trabalhava em uma empresa há bastante tempo. Ela vivia para atender às expectativas alheias, familiares e profissionais. Entre cuidar dos filhos e cumprir as demandas profissionais, ela havia esquecido completamente de si mesma. Não se reconhecia no espelho, usava roupas que não refletiam a própria personalidade e acreditava que o cuidado pessoal era um luxo, reservado para dias mais prósperos. A rotina era baseada em sobreviver, e o brilho nos olhos dela havia desaparecido.

Um dia, ao participar de uma roda de conversa sobre autocuidado na empresa, Juliana ouviu uma frase que mudou aquela perspectiva: "Cuidar de você não é egoísmo, é um ato de amor-próprio que inspira os outros". Motivada, ela decidiu implementar pequenas mudanças no dia a dia.

Juliana começou reservando vinte minutos diários para uma prática de autocuidado, que ela escolheu ser a meditação guiada, e aos poucos sentiu resultados. Sem gastar muito, reorganizou o guarda-roupa, escolheu roupas que a faziam se sentir bem e comprou um batom que sempre quis usar. Começou a anotar, todas as noites, uma coisa que fez bem durante o dia, e registrou ações variadas, desde lidar com uma situação difícil até preparar uma refeição especial para ela e a família.

Com a ajuda de uma terapeuta, ela investigou as crenças que a faziam se colocar em último lugar e percebeu que havia herdado a ideia de que deveria "se sacrificar pelos outros" para ser valorizada. Com isso, criou o hábito de listar três coisas pelas quais era grata todas as manhãs, o que a ajudou a mudar o foco do que faltava para o que já havia conquistado.

Em poucos meses, Juliana relatou que se sentia mais segura, bem-disposta e orgulhosa de si mesma. O reflexo dessa mudança impactou também os relacionamentos, então ela passou a impor limites saudáveis e inspirou os filhos a valorizarem o próprio bem-estar.

Robson era o retrato da autonegligência. Entre cuidar da família e trabalhar, esquecia-se completamente de si mesmo. O dia começava com um café frio que ele esquecia em cima da mesa e terminava em cansaço extremo, sem nenhum momento de prazer ou cuidado pessoal. Até mesmo a aparência dele era reflexo dessa desconexão: roupas antigas, cabelos desarrumados e um olhar que pedia socorro.

Tudo mudou quando uma colega o presenteou com um livro sobre autocuidado. Uma frase o marcou profundamente, já no início daquela leitura: "Você não pode derramar algo de um copo vazio". Foi o despertar de que ele precisava. Robson percebeu que, para cuidar dos outros, primeiro precisava cuidar de si mesmo.

Foi assim que ele começou a reservar trinta minutos do dia só para ele. Esse momento se tornou sagrado, hora em que ele praticava corrida e ouvia podcasts sobre autodesenvolvimento. Apesar de resistir no início, começou a praticar meditação três vezes por semana, e o impacto na energia e na disposição foi imediato.

Incorporou alimentos saudáveis à dieta, experimentando novos pratos que o faziam se sentir bem. Aos poucos, reformulou também a aparência, comprou roupas e adotou um corte de cabelo moderno.

Em seis meses, Robson se sentia outra pessoa. Mudou a energia, o modo como se comunicava e como enxergava a si mesmo.

Assim como Juliana e Robson, passei anos vivendo no piloto automático, sendo apenas uma espectadora da minha própria vida. Cuidava de tudo e todos, mas me esquecia de cuidar de mim. A sensação de invisibilidade me fez acreditar que eu não era digna de atenção – nem mesmo da minha. A sensação de ser invisível até para mim levou a minha mente a acreditar que eu não tinha dons nem talentos. Descobrir o autocuidado como ferramenta de transformação foi o primeiro passo para me enxergar de novo. Comecei devagar: um café tomado com calma, uma roupa que refletia a minha personalidade, um elogio a mim mesma no espelho. Cada ação foi uma semente plantada para reconstruir a minha autoestima.

E você, que leitura faz da sua autoestima hoje? Lembre-se: cuidar de si é o primeiro ato de coragem para uma vida feliz e plena. A autoestima não é um luxo, e sim uma necessidade fundamental para o bem-estar emocional. Podemos considerar que a autoestima saudável se baseia em autoeficácia, que é a crença de que podemos enfrentar desafios e atingir os nossos objetivos; e autorrespeito, que é o sentimento de que merecemos amor, felicidade e dignidade. Quando cuidamos da nossa autoestima, cultivamos relacionamentos mais saudáveis, com limites claros, maior resiliência emocional diante de adversidades e clareza para tomar decisões alinhadas aos nossos valores. Que tal começar com um pequeno passo agora mesmo?

UM MAPA PARA A AUTOESTIMA

O exercício a seguir foi criado como um mapeamento para que você alcance um novo patamar na sua autoestima e descubra o poder transformador do autocuidado. Além de algumas perguntas fundamentais para colocar você em sintonia com a energia de

110

A urgência de ser feliz

renovação, há uma lista de atitudes para um autodesenvolvimento saudável e sustentável.

Lembre-se: cada passo que você dá nesse caminho é um gesto de carinho consigo mesmo. Tente repetir o exercício uma ou duas vezes por mês. Você se surpreenderá com as mudanças que vai viver.

- **Autoconhecimento: a base da autoestima**
- ◊ Identifique as suas qualidades e as suas virtudes. O que você gosta em si mesmo?

_____
_____
_____
_____

- ◊ Reconheça as suas áreas que ainda demandam crescimento. Sem críticas destrutivas, o que pode ser aperfeiçoado com amor e paciência?

_____
_____
_____
_____
_____

- **Cuidado físico e emocional**
- ◊ Alimente-se com comidas nutritivas e prazerosas. Movimente-se de modo que sinta alegria, não punição.
- ◊ Pratique a autocompaixão, reconhecendo que erros fazem parte do seu aprendizado.

- ** Autossabotagem: reconheça e transforme
- ◊ Observe padrões autodestrutivos de pensamento. Reestruture crenças limitantes, substituindo-as por afirmações positivas e encorajadoras.

- ** Conexão com os outros
- ◊ Cerque-se de pessoas que inspiram e elevam você. Afaste-se, com coragem, de relações tóxicas.

- ** Celebração de vitórias
- ◊ Reconheça cada conquista, por menor que pareça. Cada passo é um progresso.

DE ÚLTIMO LUGAR A PRIORIDADE

Desde pequena, tive uma relação conflituosa com o meu corpo e a comida. Cresci em um ambiente onde a balança parecia ter mais poder sobre a minha autoestima do que qualquer outra coisa. Por muitos anos, esse ciclo de sabotagem foi alimentado por uma busca incessante por agradar os outros, ignorando as minhas próprias necessidades.

Quando engravidei do Guilherme, cheguei a pesar 96 quilos. Naquela época, a minha saúde física e emocional estava comprometida, e isso foi um ponto de inflexão. Eu sabia que precisava mudar, mas não por uma questão estética ou para atender a padrões, e sim por amor a mim mesma e ao meu filho, que precisava da mãe saudável e pronta para acolhê-lo.

O primeiro passo foi enfrentar as minhas feridas emocionais. Comecei a investigar o porquê da relação tão tumultuada que eu tinha com a comida: ela era conforto, escape, recompensa. Aprendi a olhar para esses padrões sem julgamento, com curiosidade e empatia. Adotei pequenos hábitos saudáveis que transformaram a minha vida. Comecei a fazer caminhadas matinais como um momento de reconexão comigo mesma e ajustei a minha alimentação de maneira gradativa, aprendendo a saborear alimentos mais nutritivos e satisfatórios. E, acima de tudo, aprendi a dizer "não" às demandas externas que drenavam a minha energia.

SUPERE AS FERIDAS EMOCIONAIS

Muitas vezes, carregamos feridas que moldam o modo como nos percebemos. Essas feridas, frequentemente formadas na infância, influenciam as nossas escolhas e os nossos relacionamentos. Por isso, enfrentá-las é um passo essencial para construir uma autoestima saudável.

Existem vários tipos de feridas emocionais, cada uma com os próprios impactos e características. Essas classificações se baseiam em padrões comuns de sofrimento emocional que muitas pessoas experimentam. A seguir, listo as mais comuns, para que você as conheça e possa identificá-las na sua jornada:

1. **Rejeição**
   - Origem: sensibilidade ao sentimento de não ser aceito ou amado.
   - Impacto: pessoas que carregam essa ferida podem buscar incessantemente a aprovação dos outros, negligenciando as próprias necessidades.
   - Como superar: trabalhe o autoconhecimento e fortaleça a sua identidade. Pratique afirmar: "Eu me aceito como sou, independentemente da opinião dos outros".

2. **Abandono**
   - Origem: medo de ser deixado ou ignorado.

- Impacto: pode gerar comportamentos de dependência emocional ou dificuldade em estabelecer limites.
- Como superar: desenvolva a autonomia emocional. Lembre-se: "Eu sou completo e capaz de me sustentar emocionalmente".

3. **Humilhação**
   - Origem: experiências de vergonha ou sentimentos de ser indigno.
   - Impacto: pode resultar em submissão excessiva ou medo de se expressar.
   - Como superar: reforce a sua dignidade com afirmações como: "Eu sou digno de receber respeito e amor, sendo exatamente como sou".

4. **Injustiça**
   - Origem: sentimento de ser tratado de maneira desleal ou desproporcional.
   - Impacto: pode criar rigidez e perfeccionismo.
   - Como superar: pratique a flexibilidade e aceite que nem tudo está sob o seu controle. Afirme: "Eu aceito as imperfeições da vida e confio no processo".

5. **Traição**
   - Origem: quebra de confiança em relações importantes.
   - Impacto: dificuldade em confiar ou medo de se comprometer.
   - Como superar: construa relações baseadas na transparência e no diálogo. Reforce: "Eu confio em mim mesmo para escolher e viver relações saudáveis".

A urgência de ser feliz

Enfrentar essas feridas exige coragem e vulnerabilidade. Terapia, journaling e a prática de mindfulness foram ferramentas essenciais para mim.

Identificar as feridas emocionais é um passo importante, mas o processo de cura pode ser complexo e desafiador. Então, contar com a ajuda de um profissional, como um psicólogo ou terapeuta, é fundamental por várias razões. Profissionais têm o conhecimento e as ferramentas necessárias para ajudar a entender e trabalhar com essas feridas de maneira eficaz.

Buscar ajuda profissional é um ato de autocuidado e pode fazer uma grande diferença no caminho para a sua cura e o seu bem-estar emocional. Isso porque a autoestima é um relacionamento consigo mesmo que precisa ser nutrido diariamente. A minha jornada é prova de que é possível transformar desafios em oportunidades de crescimento. Você também pode fazer isso, com paciência, amor e dedicação. Confio em você. E espero que você confie também.

9.
DESENVOLVA-SE SEM CESSAR E RELACIONE-SE COM SABEDORIA

O desenvolvimento pessoal e a construção de relacionamentos saudáveis são pilares para uma vida plena, e para que essas áreas floresçam é essencial abordar cada uma com inteligência, estratégia e propósito. Por isso, quero propor a você uma abordagem fundamentada no tema para a busca feliz por escolhas e decisões na sua carreira, nos seus relacionamentos e nos ambientes que cercam você.

Essa é uma jornada contínua que enriquece a vida em todos os aspectos, não apenas melhorando as suas habilidades e os seus conhecimentos, mas também transformando a sua percepção de si mesmo e do mundo ao seu redor. Desenvolver-se sem cessar é a chave para uma vida plena e significativa.

A BUSCA INTELIGENTE POR DESENVOLVIMENTO

Desenvolver-se é um compromisso contínuo consigo mesmo que envolve a curiosidade de aprender, a coragem de mudar e a constância de agir. Explorar os seus valores e propósitos é importante para que você realize um trabalho profundo de alinhamento com os seus valores fundamentais. Um dos exercícios de que mais gosto é a reflexão dos pilares de vida. Pergunte-se: "Quais são os pilares inegociáveis da minha vida?". Escreva sobre esses pilares e fixe-os em lugar visível, que você possa enxergar todos os dias.

Utilize as perguntas a seguir como ferramenta de exploração do seu propósito de vida. Encare-as como uma maneira de encontrar o equilíbrio ao definir o que você ama, no que você é bom, pelo que pode ser pago e do que o mundo precisa.

O que você ama?
_____
_____
_____
_____
_____

No que você é bom?
_____
_____
_____
_____
_____

Pelo que você pode ser pago?
_____
_____
_____
_____
_____

Do que o mundo precisa e que só você pode oferecer?
_____
_____
_____
_____
_____

A urgência de ser feliz

Mergulhe em áreas que expandam a sua perspectiva, como filosofia, neurociência e história. Cada vez que você amplia a sua base de conhecimento ao explorar novas áreas do saber, ganha repertório, amplifica o seu leque de possibilidades e passa a ser mais resolutivo.

Nesse mesmo sentido, coloque-se em situações que desafiem você e estejam fora da sua zona de conforto. Experimente realizar novas atividades e viagens ou viver em contextos culturais diferentes. Lembre-se de que o aprendizado ativo ocorre quando estamos abertos a errar e corrigir os erros cometidos. Cultive uma mentalidade antifrágil, em que cada dificuldade enfrentada é transformada em oportunidade de crescimento. Parece ser complexo, mas não é. Em determinado momento da minha jornada, acreditei que não seria possível, mas, ao me fortalecer, aprendi a desenvolver essa força mental.

Reserve momentos periódicos para revisar as suas metas, os seus valores e o seu progresso. Um diário reflexivo, como já discutimos, pode ser uma ferramenta poderosa para isso. Periodicamente, faça perguntas como: "O que aprendi nos últimos seis meses?" e "Que mudanças quero implementar nos próximos seis meses?".

CULTIVO DE ATITUDES INSPIRADORAS

Cerque-se de pessoas que inspiram e desafiam você, bem como encorajam o seu crescimento. Busque mentores em áreas do seu interesse e participe de comunidades que compartilhem os seus objetivos.

Explore a sua criatividade em atividades artísticas como pintura, escrita e música, porque essas práticas estimulam o cérebro e oferecem insights únicos. Experimente criar uma playlist especial. Comece uma pintura ou participe de uma oficina com atividades manuais, como a cerâmica. Use a sua criatividade para resolver problemas do cotidiano ou encontrar novas maneiras de abordar desafios profissionais.

Aprenda e aplique modelos mentais para tomar decisões mais inteligentes e estratégicas. Eu gosto muito da ideia de modelos de pensamento de primeira e segunda ordem. Os pensamentos de primeira ordem são aqueles que lidam com soluções imediatas e superficiais para um problema. Eles focam o que está diretamente à frente, sem considerar as implicações de longo prazo. Por exemplo, comer um doce para satisfazer uma vontade momentânea é um pensamento de primeira ordem.

Já os pensamentos de segunda ordem vão além do óbvio, avaliando as consequências futuras e os impactos secundários de uma decisão. Nesse caso, um pensamento de segunda ordem seria: "Se eu comer este doce agora, como isso impactará a minha saúde e os meus objetivos de longo prazo?". Desenvolver a capacidade de pensar em segunda ordem é fundamental para tomar decisões mais conscientes e alinhadas com metas maiores.

Essa abordagem pode ser aplicada tanto na vida pessoal quanto na profissional, para incentivar reflexões mais profundas antes de agir. Pergunte-se: "Que benefícios ou prejuízos essa decisão trará no futuro?" e "Como isso afeta outros aspectos da minha vida?".

Ainda, priorize a sua saúde física e mental como base para qualquer outro tipo de desenvolvimento. A prática regular de atividades físicas, a alimentação equilibrada e a qualidade do sono são indispensáveis. Invista em terapias ou práticas de autoconhecimento que ajudem a liberar traumas ou bloqueios emocionais, como já mencionamos aqui.

RELACIONAMENTOS SAUDÁVEIS GERAM CONEXÕES PODEROSAS

Desenvolver-se sem cessar também envolve melhorar as suas habilidades interpessoais. A comunicação eficaz, a empatia e a capacidade de resolver conflitos são essenciais para construir relacionamentos saudáveis e produtivos, sendo tão importantes quanto as capacidades técnicas e intelectuais.

Relacionar-se com sabedoria é uma arte que exige prática e atenção. Escolha cuidadosamente as pessoas com quem você se envolve, cerque-se de indivíduos que apoiam, inspiram e desafiam você a ser a melhor versão de si mesmo. Relacionamentos positivos são uma fonte de força e motivação.

Nesse processo, a prática da escuta ativa é crucial. Ouvir verdadeiramente o que os outros têm a dizer, sem julgar ou interromper, fortalece os vínculos e promove uma compreensão mútua. Isso melhora as suas relações e enriquece a sua perspectiva. Compartilhar as suas emoções, os seus pensamentos e as suas experiências de maneira genuína constrói confiança e profundidade nos relacionamentos. Por isso, seja vulnerável e autêntico nas suas interações, porque isso atrai conexões verdadeiras e duradouras.

Aprenda a lidar com conflitos de maneira saudável. Diferenças de opinião são inevitáveis, então o modo como você gerencia outros pontos de vista é o que faz toda a diferença. Aborde os desacordos com empatia, buscando soluções que beneficiem todas as partes envolvidas, a fim de fortalecer as relações e promover um ambiente de respeito mútuo.

Relacionamentos equilibrados são aqueles em que ambas as partes se sentem valorizadas e respeitadas. Evite tanto a sobrecarga quanto a negligência, buscando sempre um meio-termo harmonioso nos seus relacionamentos. Reserve tempo para nutrir os seus relacionamentos. Envolva-se em atividades significativas com pessoas que são importantes para você. Esses momentos compartilhados fortalecem os laços e criam memórias duradouras, aspectos que são essenciais para uma vida plena e feliz.

Finalmente, reconheça que tanto o desenvolvimento pessoal quanto a construção de relacionamentos saudáveis são processos contínuos. Sempre que possível, ofereça críticas de maneira gentil e receba-as com a mente aberta, entendendo-as como oportunidades de melhoria.

Mantenha-se comprometido com o seu crescimento e com a qualidade das suas conexões. Lembre-se de que a felicidade se constrói diariamente, por meio do desenvolvimento pessoal e de relações significativas.

Relacionar-se de maneira saudável exige maturidade emocional e escolhas conscientes. Pensando nisso, quero compartilhar com você algumas estratégias que podem ajudar a cultivar conexões significativas:

Reciprocidade
- Avalie se as suas relações são equilibradas. Pergunte-se: "Dou e recebo na mesma proporção?".
- Cerque-se de pessoas que valorizam quem você é, e não apenas o que você pode oferecer a elas.

Comunicação clara
- Expresse as suas necessidades e os sentimentos de maneira honesta, sem agressividade nem passividade.
- Ouça com atenção e empatia, demonstrando interesse genuíno pelo outro.

Estabelecimento de limites
- Relacionamentos saudáveis requerem limites claros. Identifique o que é aceitável para você e comunique isso de modo respeitoso sempre que necessário.
- Lembre-se: dizer "não" ao que não lhe faz bem é um ato de autocuidado.

Escolha de companhias
- Analise quem faz parte do seu círculo próximo. Essas pessoas contribuem para o seu crescimento ou geram estresse e desgaste?
- Tenha coragem de se afastar de relações tóxicas e investir em conexões que nutram a sua alma.

Inteligência emocional nas relações
- Desenvolva a sua capacidade de identificar e gerenciar as suas emoções, além de reconhecer e respeitar as emoções dos outros.
- Pratique a empatia cognitiva (entender) e emocional (sentir junto) para fortalecer vínculos.

Equilíbrio entre dar e receber
- Certifique-se de que não está sempre em uma posição de doar sem receber, ou vice-versa. Busque equilíbrio em todas as suas relações.

Autenticidade nas conexões
- Seja verdadeiro consigo mesmo e com os outros. Relacionamentos baseados na autenticidade tendem a ser mais duradouros e saudáveis.
- Não tenha medo de mostrar vulnerabilidade, pois ela cria pontes genuínas entre as pessoas.

Desenvolva-se sem cessar e relacione-se com sabedoria

Resolução construtiva de conflitos
- Encare os conflitos como oportunidades de aprendizado em vez de tentar evitá-los ou intensificá-los.
- Use a técnica do "ganha-ganha", na qual o foco está em encontrar soluções que beneficiem ambas as partes envolvidas, e não só uma delas.

TESTE DE CONTAMINAÇÃO DE AMBIENTES E PESSOAS

Ambientes e pessoas têm um impacto significativo na nossa energia, na nossa motivação e no nosso bem-estar. O teste a seguir tem o objetivo de ajudar você a identificar influências positivas e negativas ao seu redor, para que possa trabalhá-las em uma melhor gestão do seu ambiente.

1. Como você se sente após sair de uma interação ou lugar?
( ) Energizado, leve e motivado.
( ) Cansado, desanimado ou pesado.

2. As pessoas com as quais interage ou os ambientes que frequenta promovem o seu crescimento?
( ) Sim, sinto-me inspirado e valorizado.
( ) Não, frequentemente me sinto desvalorizado ou criticado.

3. Você se sente autêntico nesses contextos?
( ) Sim, posso ser quem realmente sou.
( ) Não, sinto que preciso fingir ou me adaptar excessivamente.

4. Essas interações respeitam os seus limites?
( ) Sim, há respeito mútuo e compreensão.
( ) Não, sinto que as minhas necessidades são ignoradas.

A urgência de ser feliz

5. O impacto dessas pessoas e desses ambientes é consistente?
( ) Positivo, na maior parte do tempo.
( ) Negativo ou imprevisível.

RESULTADOS

Maioria positiva: você está cercado de influências que nutrem a sua autoestima e a sua energia. Continue fortalecendo essas conexões.
Maioria negativa: considere limitar a sua exposição a essas pessoas ou esses ambientes e criar estratégias para proteger a sua energia emocional – já falamos aqui sobre como definir limites saudáveis, escolher em quais problemas investir energia, cuidar do corpo e da mente, praticar pensamento positivo e por aí vai.

MENSAGENS-CHAVE PARA DECISÕES FELIZES

- Escolha atuar profissionalmente em um local em que os seus valores e os seus talentos sejam reconhecidos. Questione: "Esse ambiente me permite crescer como profissional e como ser humano?".
- Não tenha medo de fazer mudanças quando o caminho atual não ressoar mais com os seus propósitos.
- Invista em conexões pessoais e profissionais que ofereçam suporte, alegria e aprendizado.
- Fuja de relações que sejam baseadas em controle, manipulação ou dependência.

CHECK-IN RELACIONAL

Durante a sua busca por informações que possam ajudar você a se desenvolver, reserve um momento para perguntar a amigos, colegas ou familiares: "Como você está de verdade?" ou "Há algo no nosso relacionamento que podemos melhorar?". Isso mostra interesse genuíno e abre espaço para ajustes construtivos dos dois lados.

Reflita sobre a qualidade das conexões que tem feito, faça uma lista com as pessoas que são mais presentes na sua vida. Avalie cada relacionamento com base em critérios como apoio emocional, inspiração e motivação, respeito aos seus limites e energia positiva. Use essas reflexões para priorizar e investir mais nos relacionamentos que agregam valor à sua vida.

Para estreitar conexões, sugiro que você experimente dinâmicas como a das 36 perguntas para criar intimidade, baseadas no estudo do psicólogo estadunidense Arthur Aron.[25] Esse jogo consiste em fazer perguntas profundas e pessoais, promovendo maior conexão e compreensão mútua, considerando a divisão em três blocos: 1) perguntas leves para iniciar a conexão; 2) perguntas mais profundas e pessoais; 3) perguntas de alta vulnerabilidade.

Sugiro que você busque conhecer essa atividade completa, para que possa aplicá-la sempre que sentir a necessidade de saber mais sobre alguém. Para estimular a sua curiosidade, deixo a seguir três exemplos de perguntas em cada bloco.

---

[25] ARON, A. *et al*. The experimental generation of interpersonal closeness: a procedure and some preliminary findings. **Personality and Social Psychology Bulletin**, v. 23, n. 4, 1997. Disponível em: https://journals.sagepub.com/doi/10.1177/0146167297234003. Acesso em: 10 fev. 2025.

Bloco 1: perguntas leves para iniciar a conexão
- Pergunta 1: "Se você pudesse escolher qualquer pessoa no mundo, quem convidaria para um jantar especial?". Essa questão revela interesses, admiração e valores da pessoa.
- Pergunta 4: "O que constitui um 'dia perfeito' para você?". Ajuda a entender o que traz felicidade e satisfação à pessoa.
- Pergunta 7: "Se você pudesse viver até os 90 anos e manter a mente ou o corpo de alguém de 30 anos pelos últimos 60 anos da sua vida, escolheria o corpo ou a mente?". Explora a perspectiva da pessoa sobre envelhecimento, saúde e qualidade de vida.

Bloco 2: perguntas mais profundas e pessoais
- Pergunta 14: "Existe algo que você sonha em fazer há muito tempo? Por que ainda não fez?". Revela desejos, obstáculos e motivações profundas.
- Pergunta 17: "Qual é a sua memória mais preciosa?". Mostra o que a pessoa valoriza e guarda com carinho.
- Pergunta 20: "O que a amizade significa para você?". Revela os valores da pessoa em relação a conexões interpessoais e o que ela espera de uma amizade verdadeira.

Bloco 3: perguntas de alta vulnerabilidade
- Pergunta 30: "Quando foi a última vez que você chorou na frente de outra pessoa? E sozinho?". Aborda a vulnerabilidade emocional e como a pessoa lida com os próprios sentimentos.
- Pergunta 32: "Se você descobrisse que vai morrer em um ano, mudaria algo no modo como está vivendo agora? Por quê?". Ajuda a entender prioridades, desejos não realizados e o que a pessoa considera realmente importante na vida.

- Pergunta 35: "Se você morresse esta noite, sem chance de se comunicar com ninguém, o que você mais se arrependeria de não ter dito a alguém? Por que ainda não disse?". Convida à reflexão sobre arrependimentos e relações não resolvidas.

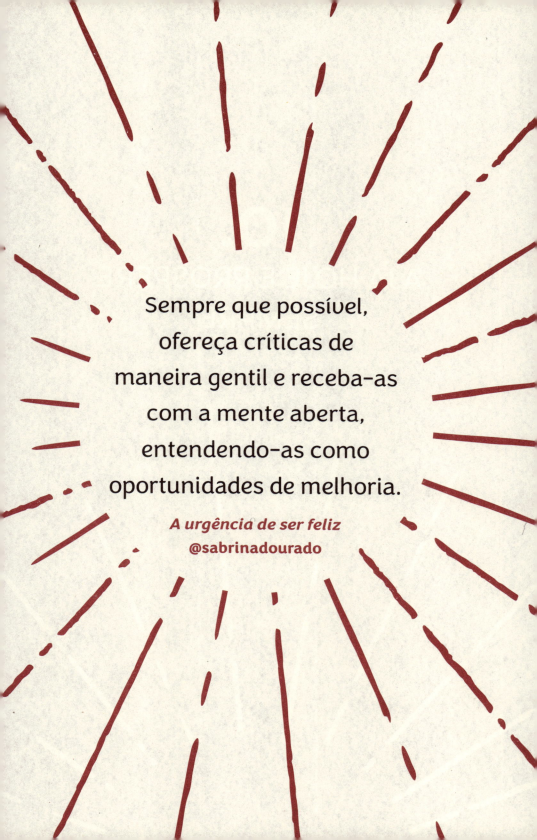

Sempre que possível, ofereça críticas de maneira gentil e receba-as com a mente aberta, entendendo-as como oportunidades de melhoria.

A urgência de ser feliz
@sabrinadourado

10.
AJA HOJE E PROSPERE SEMPRE

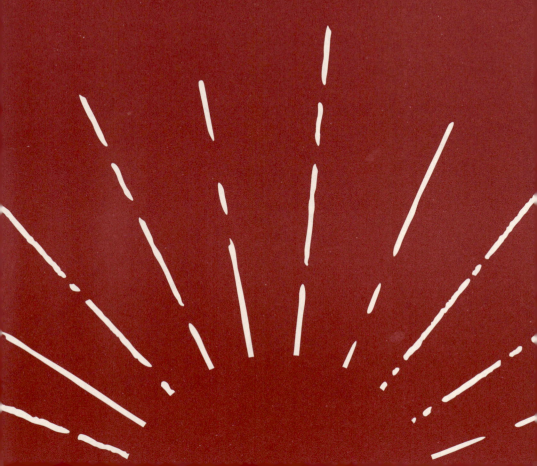

A verdadeira prosperidade começa com ação. Sonhos e planos são essenciais, mas sem a real ação eles permanecem sendo apenas possibilidades. A felicidade e o sucesso não estão em um futuro distante, e sim nas decisões que tomamos hoje, por isso o primeiro passo para prosperar é agir agora, com determinação e propósito.

Muitas vezes, as sementes de transformação estão plantadas dentro de nós, mas sem a ação elas não têm a oportunidade de germinar. Por isso, o meu desejo é fazer um chamado para o seu movimento, para a decisão e para a prática. É o momento de você conectar o conhecimento adquirido à execução e iniciar a sua jornada de prosperidade.

Para isso, vamos explorar uma rota clara, repleta de ferramentas e estratégias práticas para que você transforme o potencial em realizações concretas.

PROSPERIDADE REAL *VERSUS* RIQUEZA VAZIA

Antes de avançarmos, é importante diferenciarmos prosperidade de riqueza. Enquanto a riqueza vazia é baseada apenas em acúmulo financeiro, muitas vezes à custa da saúde, do tempo e dos relacionamentos, a prosperidade real engloba abundância financeira (caracterizada pelos recursos para viver com dignidade e realizar sonhos), alinhamento de propósito (trabalhar e viver de maneira conectada com o que se acredita), saúde integral (engloba bem-estar físico, emocional e espiritual) e relacionamentos significativos (conexões autênticas e duradouras).

Prosperidade real é viver em equilíbrio e plenitude, aproveitando o melhor que a vida oferece enquanto constrói um legado positivo.

ROTA DE AÇÃO: CONSTRUINDO A PRÓPRIA PROSPERIDADE

Antes de executar qualquer passo, defina o que significa prosperar. Para alguns, é estabilidade financeira. Para outros, é viver em paz, sentir-se realizado ou construir relações significativas. Imagine, em detalhes, como seria a sua vida ideal em termos de prosperidade. Pergunte-se: "Quais são os pilares da minha felicidade e do meu sucesso?".

Reflita sobre o que você já tem: as suas competências, os seus talentos, as suas experiências, os seus contatos e as ferramentas de que dispõe. Use a roda sistêmica, que já trabalhamos no Capítulo 4, para visualizar os seus pontos fortes e as áreas que ainda precisam ser fortalecidas. Não subestime os pequenos talentos que podem ser lapidados para gerar grandes resultados.

Lembre-se de que prosperar não significa viver sem desafios, e sim responder a eles de maneira resiliente. Utilize técnicas como mindfulness, meditação e autoquestionamento para manter o equilíbrio emocional. Aprenda a distinguir problemas reais de ansiedades criadas pela sua mente. Identifique pensamentos inverídicos como "Não sou capaz" ou "Dinheiro é algo ruim". Sempre que se deparar com essas ideias negativas, escreva-as e em seguida crie afirmações positivas que as substituam, como "Sou capaz de aprender" e "O dinheiro pode ser um instrumento para o bem". Crie um diário de crenças, no qual você pode registrar e analisar diariamente os pensamentos limitantes que surgirem e os reescrever, transformando assim a sua realidade.

Prosperidade também está relacionada a evoluir constantemente. Permita-se aprender com os eventuais erros que cometer e celebre o progresso de cada ação executada. Participe de cursos, leia livros e esteja aberto a feedbacks. Ainda, reconheça e comemore cada etapa alcançada. Quando pequenas vitórias se acumulam, elas geram confiança.

Crie um ritual para marcar todas as conquistas, como escrevê-las em um caderno especial ou compartilhá-las com um mentor.

EXERCÍCIOS PRÁTICOS PARA ACESSAR A PROSPERIDADE

A prosperidade vai muito além do dinheiro, pois está ligada à nossa mentalidade, às nossas ações e ao modo como nos relacionamos com o mundo. Para atrair abundância em todas as áreas da vida, é essencial que você desenvolva hábitos que fortaleçam a sua visão de crescimento e desbloqueiem as suas crenças limitantes.

Pensando nisso, quero sugerir alguns exercícios que considero primordiais no desenvolvimento da prosperidade.

Planejamento dos cinco anos

Escreva como você gostaria que a sua vida estivesse nos próximos anos. Considere aspectos como saúde, finanças, relacionamentos, espiritualidade, carreira e autoconhecimento. Quais são as áreas mais importantes em que você gostaria de se desenvolver, tanto pessoal quanto profissionalmente? Que passos pequenos você pode tomar hoje para se aproximar disso?

Meditação de visualização

Todos os dias, durante cinco minutos, feche os olhos, relaxe e imagine-se vivendo a sua vida ideal. Foque os detalhes: como você se sente, o que você vê ao seu redor, quem está com você.

Essa prática é amplamente usada para reduzir o estresse, aumentar a confiança, melhorar o foco e atrair a prosperidade. Muitos profissionais de sucesso utilizam a meditação de visualização para alcançar a alta performance e concretizar os próprios sonhos. Com a execução regular, a meditação de visualização pode reprogramar a sua mente para agir com mais clareza e determinação, trazendo mudanças reais para a sua vida.

Experimente algo novo
Toda semana, tente fazer algo fora da sua zona de conforto. Pode ser uma aula, um hobby ou até mesmo conversar com alguém diferente. Isso amplia as suas perspectivas e permite que você conheça novas pessoas, desenvolva habilidades e aumente as possibilidades de se conectar com experiências diferenciadas.

Mapa da visão
Construa um painel com imagens, palavras e frases que representem as suas metas e deixe-o em um local estratégico da sua casa. Visualizar diariamente esse cenário de conquistas reforça o foco e a motivação necessários para que você se dedique cada vez mais a alcançar os seus sonhos.

Desafios mensais
Escolha um hábito por mês para trabalhar e desenvolver, como economizar, praticar gratidão ou se dedicar a uma nova habilidade. Crie uma tabela de acompanhamento para avaliar o seu desempenho e registrar como tem sido essa jornada.

Reserve um momento, a cada semana, para revisar o que funcionou, o que pode melhorar e planejar os passos da semana seguinte.

Caderno da prosperidade
Substitua o conceito de "agenda dos sonhos" por um caderno especial no qual você possa registrar diariamente três conquistas, por menores que sejam. Esse hábito reforça a sensação de progresso e ainda amplia a visualização da sua capacidade de conquistar coisas novas nas variadas atividades que executa todos os dias.

Além desses exercícios que podem ser adotados no seu dia a dia, é importante que você estabeleça um equilíbrio entre trabalho e descanso. Reserve tempo para relaxar e recarregar as suas energias, já que corpo e mente descansados são mais eficientes e criativos. Nessa hora, nada melhor do que utilizar a tecnologia a seu favor: ferramentas de produtividade e aplicativos de gestão de tempo podem ajudar a manter as suas ações organizadas e eficazes. Integrar tecnologia de modo inteligente à sua rotina pode maximizar o seu potencial e garantir que cada ação conte de modo mais positivo.

Dê pequenos passos constantes. A ideia de ação pode ser intimidadora, mas lembre-se de que pequenas ações acumuladas geram grandes resultados. Faça algo hoje, por menor que seja, que avance em direção às suas metas. O progresso incremental é uma poderosa estratégia de prosperidade.

Mantenha-se flexível e adaptável. O mundo está em constante mudança, e a capacidade de ajustar as suas ações conforme necessário é crucial. Esteja aberto a novas informações e pronto para mudar de rumo quando sentir que é necessário. A adaptabilidade é uma marca registrada dos que prosperam.

Nunca pare de aprender e evoluir. O desenvolvimento pessoal e a ação contínua são interdependentes. Sempre há novas habilidades para adquirir, novas perspectivas para explorar e novos modos de crescer. Mantenha uma mentalidade de aprendizado ao longo da vida, buscando constantemente maneiras de melhorar e inovar. Lembre-se: a prosperidade não é um destino, e sim uma jornada contínua de crescimento e evolução.

Aja com coragem e determinação, sabendo que cada passo adiante é uma vitória em si mesmo. A prosperidade vem para aqueles que se atrevem a sair da zona de conforto, que enfrentam os próprios medos e superam desafios com um coração valente. Cada pequena ação, mesmo que pareça insignificante no momento, contribui para a grandiosa tapeçaria da sua vida. A constância e a perseverança são os seus aliados mais poderosos na jornada para uma vida próspera.

Por fim, mantenha em mente que a prosperidade verdadeira não se mede apenas pelo sucesso material, mas também pelo bem-estar emocional, mental e espiritual que você cultiva ao longo do caminho. Significa encontrar alegria e satisfação nas ações diárias, nutrir relacionamentos significativos e viver em harmonia com os seus valores mais profundos. Viver é raro, e ser feliz é urgente – e a prosperidade é o fruto das escolhas que você faz hoje, do amor que você dá e recebe e da determinação com a qual persegue os seus sonhos. Aja hoje, prospere sempre e celebre a incrível jornada de ser você.

IMUNIDADE EMOCIONAL: O ESCUDO DO BEM-ESTAR

A imunidade emocional é como um escudo psicológico que protege o nosso bem-estar diante dos desafios da vida. Assim como o sistema imunológico nos protege de doenças físicas, a imunidade emocional fortalece a qualidade do nosso padrão emocional, permitindo-nos lidar com os altos e baixos da vida com equilíbrio e resiliência.

Construir imunidade emocional começa com a aceitação das nossas emoções e o reconhecimento de que sentir raiva, tristeza, alegria, medo e amor é humano e necessário. Cada emoção tem um papel, e ao aceitá-las aprendemos a navegar por elas sem sermos dominados. Por muitas gerações, fomos ensinados que não era necessário perceber as nossas emoções, que era bobagem, que deveríamos "engolir" o que estávamos sentindo, pois aquilo não era relevante. Acredito que grande parte do adoecimento mental generalizado de hoje decorre desse movimento.

O CAMINHO PRÁTICO PARA CONSTRUIR IMUNIDADE EMOCIONAL

Seja o seu próprio aliado. Pratique a autocompaixão, acolhendo as suas falhas e as suas imperfeições como parte da sua humanidade. Posso apostar que você com frequência é gentil com os outros, mas e com você? Seja sincero. O que você faz de modo gentil por você?

A gentileza é um alicerce fundamental na construção da imunidade emocional, pois com ela você passa a se respeitar e dar a devida atenção aos seus limites emocionais. Por longos anos, eu não me respeitei. Fui treinada a ser a menina e mulher forte e guerreira, e foi muito mais dolorido quando precisei fazer o caminho de volta para aprender a me respeitar, me elogiar, me cuidar e ser gentil com a pessoa mais importante da minha vida: eu.

Hoje, eu acredito que a paz é o novo luxo. Você não acha? Não é só o mundo exterior que está em guerra, já que muitas vezes a guerra é interna. E isso é enlouquecedor, não é mesmo? A falta da paz, entre outros fatores, gera raiva desmedida, desequilíbrios de toda ordem e muita angústia. Lute contra isso. A sua paz interna trará longevidade e sustentabilidade nas diversas áreas da sua vida. É urgente se colocar em estado de paz. Pode parecer difícil, mas é possível, com treino e mudança de padrão mental, dos seus comportamentos e, por conseguinte, dos seus hábitos mais simples. Desenvolva a prática da meditação, escolha momentos de silêncio para criar um espaço de calma interna, mesmo em meio ao caos externo. Tire um tempo para se ouvir, eliminando os ruídos e estímulos frenéticos que estão no seu entorno.

Falar de paciência não é fácil. Imagine que possamos fazer um hemograma emocional. Que níveis seriam os da sua paciência no mundo que nos convida à aceleração e a resultados instantâneos? Você já parou para pensar nisso?

Feche os olhos por um instante e tente sentir: a sua paciência está em equilíbrio ou no limite? Em um mundo onde tudo precisa acontecer "para ontem", é fácil perder a calma e se frustrar com o tempo natural das coisas. Mas e se, em vez de lutar contra a espera, você aprendesse a usá-la a seu favor? Talvez a paciência não seja apenas suportar, mas também um caminho para identificar oportunidades onde antes só havia pressa. Afinal, algumas das melhores coisas não chegam no instante em que queremos, e sim no momento exato em que estamos prontos para recebê-las.

Até as redes sociais são um convite ao instantâneo, ao imediato. Então, entenda que nem todas as respostas ou soluções vêm imediatamente. Permita-se ter tempo para crescer e aprender com cada experiência. Quando a sua mente relaxa, o mundo desacelera e se encaixa. Insegurança, cobranças distorcidas e comparações doentias são alguns dos problemas que decorrem da falta de paciência.

Valorize a sua jornada única. Valorizamos muito o outro, as conquistas e os avanços que alcança, mas não nos valorizamos, somos muito duros conosco. A autovalorização é um convite prático para a sua fortaleza emocional. Isso não significa que você não deve buscar melhorar, é apenas um lembrete de que a baixa autovalorização traz sentimentos de inferioridade, timidez e senso constante de incapacidade, que são limitantes e impedem a sua prosperidade.

EXERCÍCIOS PARA FORTALECER A IMUNIDADE EMOCIONAL

Quando sentir uma emoção intensa, pare por trinta segundos, feche os olhos e respire profundamente. Isso reduz a impulsividade e melhora a clareza mental. Como sempre digo: respira e não pira.

Pelo menos uma vez por semana, reserve momentos para atividades que trazem alegria, como ouvir música, pintar ou

138

A urgência de ser feliz

caminhar ao ar livre. Essas pausas ajudam a recarregar a sua energia emocional.

Como vimos, as emoções são como indicadores da nossa saúde emocional. Assim, o hemograma emocional é uma ferramenta prática para identificar e avaliar as suas emoções primárias e secundárias, reconhecendo como elas impactam a sua vida e as suas decisões.

As emoções primárias são universais e inatas, enquanto as secundárias são mais complexas, moldadas por experiências e cultura. Algumas das emoções primárias são alegria, tristeza, raiva, medo, nojo e surpresa. Já as emoções secundárias englobam culpa, vergonha, orgulho, ciúme, gratidão, ansiedade e esperança.

Para fazer o hemograma emocional, prepare-se. Encontre um lugar tranquilo e reserve vinte minutos para a prática. Tenha papel e caneta à mão e comece listando as emoções. Escreva as emoções primárias e secundárias que vierem à cabeça, deixando espaço ao lado de cada uma.

Avalie a intensidade delas. Para cada emoção, dê uma nota de 0 a 10, sendo 0 "ausente" e 10 "muito intensa". Pergunte-se: "Essa emoção tem sido frequente ou marcante nos últimos dias?". Tente identificar a origem e anote o que pode estar despertando cada emoção.

Após preencher o hemograma, reflita:

- Quais emoções estão em equilíbrio?
- Quais estão em excesso e demandam atenção?
- Há emoções que estão sendo reprimidas?

Crie um plano de ação. Para cada emoção que precisa de equilíbrio, anote uma ação prática. Por exemplo:

- Raiva: praticar exercícios físicos para liberar a tensão.

Aja hoje e prospere sempre

- Tristeza: conversar com alguém de confiança ou buscar apoio profissional.
- Alegria: identificar momentos que trazem felicidade e ampliá-los.

Os maiores benefícios do hemograma emocional são reconhecimento e aceitação das emoções, desenvolvimento da inteligência emocional, identificação de padrões e gatilhos emocionais e criação de estratégias para manter o equilíbrio interno. Realizar esse exame regularmente ajudará você a construir imunidade emocional e fortalecerá a sua capacidade de lidar com os desafios que aparecerem no dia a dia.

UMA INSPIRAÇÃO

Clara costumava acordar todas as manhãs com uma sensação de peso no peito. O trabalho, que um dia pareceu promissor, tinha virado uma rotina vazia. As contas se acumulavam, e o saldo bancário era sempre um lembrete cruel dessas dificuldades. Pior do que a situação financeira era a voz interna que repetia incansavelmente: "Nunca terei sucesso", "Todo esforço é em vão". Aos 35 anos, ela olhava para trás e sentia que a vida havia passado sem que ela tivesse conquistado algo realmente significativo. Mas algo mudou em um dia aparentemente comum.

Após uma noite maldormida, sentindo-se sufocada pela ansiedade, Clara tomou uma decisão: não poderia mais continuar daquele modo. Sem saber exatamente por onde começar, marcou uma sessão com um terapeuta. Nos encontros semanais, começou a desvendar padrões de autossabotagem e crenças limitantes que a prendiam ao fracasso.

Inspirada pelas conversas, decidiu experimentar algo novo: meditação. No início, sentia-se desconfortável, e a mente inquieta resistia ao silêncio planejado. Com o tempo, aprendeu a ouvir os próprios pensamentos sem se identificar com eles. A cada respiração profunda, ganhava mais clareza do que queria mudar.

Quando finalmente teve forças para encarar a realidade financeira, percebeu que precisava de mais conhecimento. Começou um curso gratuito de educação financeira, no qual aprendeu conceitos básicos sobre planejamento e investimentos. Definiu um objetivo simples: poupar 5% da renda mensal. Parecia pouco, mas era um compromisso com aquela nova mentalidade.

Os meses passaram, e pequenas mudanças começaram a gerar grandes impactos. Em vez de se lamentar, Clara aprendeu a agir. Reduziu gastos supérfluos, reorganizou a rotina e, principalmente, cercou-se de pessoas que a inspiravam e não drenavam mais a energia dela. Pela primeira vez em anos, sentia-se no controle da própria vida.

Dois anos depois, a transformação de Clara era visível. As dívidas foram quitadas, o emocional estava equilibrado e, mais do que isso, ela encontrou um propósito. Sempre teve paixão por culinária, mas nunca se permitiu acreditar que poderia ganhar dinheiro com isso. Agora, com mais confiança, abriu um pequeno negócio on-line, vendendo doces artesanais. Em poucos meses, o que começou como um hobby se tornou uma fonte estável de renda.

Hoje, Clara não mede o sucesso apenas pelo dinheiro que ganha, mas também pelo equilíbrio e pelo bem-estar que conquistou. A prosperidade se manifestou em todas as áreas da vida dela: emocional, financeira e espiritual.

Essa história cheia de sucesso é uma prova de que agir é o primeiro passo para prosperar. A jornada pode ser desafiadora, cheia de incertezas, mas cada pequeno passo nos aproxima de uma vida plena. Afinal, a verdadeira transformação começa quando decidimos que merecemos mais.

11.
CONSTÂNCIA, RESILIÊNCIA E GARRA

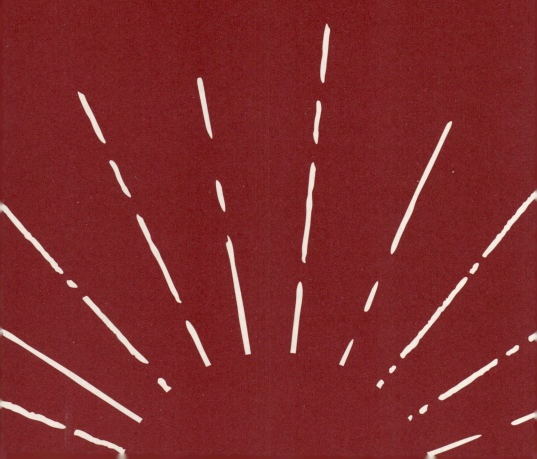

Constância, resiliência e garra são qualidades essenciais para quem deseja viver uma vida plena e alcançar objetivos. Essas características não são inatas, mas podem ser cultivadas e fortalecidas ao longo do tempo. No coração de cada grande realização há uma história de perseverança e determinação.

AVANÇAR, MESMO QUE DEVAGAR

A constância é a base de qualquer esforço bem-sucedido, a capacidade de manter o foco e a dedicação, mesmo quando os resultados não são imediatos. Na vida, assim como na natureza, as mudanças mais significativas acontecem lentamente, em pequenos passos contínuos. Desenvolver a constância é como construir um músculo: exige prática regular e disciplina.

Para ser constante, é importante estabelecer uma rotina que apoie os seus objetivos. Pequenas ações diárias se acumulam para criar grandes mudanças, então comece com metas simples e específicas, como dedicar dez minutos por dia a uma atividade importante, e, à medida que essa prática se tornar hábito, aumente gradualmente a intensidade e a duração.

A constância é a soma da persistência, que nos faz continuar agindo mesmo quando os resultados ainda não são visíveis; da estabilidade, que nos ajuda a manter o foco e a regularidade, evitando oscilações ou desistências; da disciplina para cumprir compromissos e seguir rotinas, mesmo quando a motivação está baixa; e da paciência para reconhecer que grandes conquistas e mudanças levam tempo e esforço contínuo.

Se você estiver se perguntando como manter a constância, dou alguns exemplos que considero simples, porém muito eficazes. No trabalho, entregue consistentemente boas performances e aprimore habilidades. Para a sua saúde, pratique exercícios físicos com regularidade, mesmo em dias desmotivadores. Nos estudos, dedique-se diariamente, sem procrastinar nem esperar momentos ideais. Nos relacionamentos, demonstre cuidado e atenção constante para fortalecer os laços com as pessoas que são importantes para você.

CONSTRUINDO A SUA MELHOR VERSÃO

A resiliência é a capacidade de se recuperar das adversidades, o que nos permite seguir em frente, mesmo diante dos desafios mais difíceis. Ser resiliente não é evitar problemas, e sim saber enfrentá-los com uma mentalidade de crescimento, aprendendo com cada experiência vivida, positiva ou não.

Entre as principais características da resiliência, destaca-se a adaptação, que permite nos ajustarmos rapidamente a novas circunstâncias. A autoconsciência também exerce um papel essencial, ajudando a reconhecer e gerenciar o turbilhão de emoções durante momentos de crise. A superação é outra parte importante, pois envolve a habilidade de transformar situações adversas em aprendizados valiosos para o futuro.

Muitos exemplos de resiliência estão presentes em diversas áreas da vida. No campo pessoal, ela se manifesta ao superarmos perdas ou mudanças inesperadas, como o término de um relacionamento ou a perda de um emprego. No ambiente profissional, a resiliência é evidente na capacidade de nos adaptarmos às transformações do mercado ou lidamos de modo construtivo com feedbacks e pressões. Na saúde, ela é percebida quando nos recuperamos de doenças ou lesões, mantendo a força mental e a esperança. Já nos estudos, essa habilidade se reflete na persistência em alcançar objetivos acadêmicos, mesmo após falhas ou dificuldades iniciais.

A importância da resiliência vai além da superação de adversidades momentâneas. Ela fortalece a nossa autoconfiança, pois cada desafio superado contribui para a construção de uma imagem mais positiva de nós mesmos. Também promove a saúde mental, ajudando a reduzir os efeitos do estresse e a aumentar a sensação de bem-estar. Ainda, a resiliência incentiva o crescimento pessoal, pois cada experiência desafiadora oferece uma oportunidade de aprendizado e amadurecimento. Outro benefício importante é a construção de relacionamentos mais sólidos, já que pessoas resilientes inspiram confiança e tendem a atrair conexões mais saudáveis e verdadeiras.

Desenvolver a resiliência é um processo contínuo, e existem algumas práticas que podem ajudar nesse caminho. O autocuidado é essencial, pois cuidar da mente e do corpo nos prepara para lidar melhor com as adversidades. Manter um círculo de apoio, cultivando relacionamentos que proporcionem suporte emocional, também contribui para essa construção. É importante aprender a reinterpretar dificuldades, enxergando os desafios sob uma nova perspectiva e encontrando neles oportunidades de aprendizado e crescimento.

A flexibilidade também é uma habilidade valiosa, já que estar aberto a mudar estratégias quando necessário facilita o enfrentamento das mudanças. Por fim, cultivar a gratidão ajuda a manter o equilíbrio, focando os aspectos positivos da vida mesmo quando as circunstâncias são desafiadoras.

Ao desenvolver essa habilidade, ampliamos a nossa capacidade de lidar com os altos e baixos da vida, fortalecemos a nossa saúde mental e emocional e nos tornamos mais aptos a construir uma trajetória de sucesso e realização pessoal.

A FORÇA DE NUNCA DESISTIR

A garra é a combinação de paixão e perseverança em longo prazo, o que nos impulsiona a continuar mesmo quando o caminho é árduo. A garra é a força interior que nos mantém comprometidos com os nossos objetivos, ainda que diante das maiores adversidades.

Cultivar a garra envolve identificar e nutrir as suas paixões. Quando você está profundamente conectado com os seus objetivos, a motivação para perseverar vem de dentro. Reflita sobre o que realmente importa para você e como as suas ações diárias estão alinhadas com os seus valores e as suas aspirações.

A constância também exige flexibilidade. Como nem sempre as coisas saem como planejado, é importante ajustar as suas ações conforme o necessário. Seja adaptável e esteja aberto a mudar de estratégia, mas mantendo o foco no objetivo desejado, porque a rigidez pode levar ao fracasso, mas a flexibilidade permite a continuidade dele.

PERSISTIR, SUPERAR E VENCER

Por fim, lembre-se de que a jornada de desenvolver constância, resiliência e garra é contínua. Cada dia oferece novas oportunidades para praticar e fortalecer essas qualidades. A verdadeira felicidade vem de saber que você está fazendo o seu máximo, a cada dia, para ser a melhor versão de si mesmo.

Imagine por um momento as grandes conquistas da sua vida. Cada uma delas é uma história de perseverança, de algumas noites em claro e vários dias desafiadores. Foi a constância que manteve você no caminho quando tudo parecia perdido. Cada passo dado, cada pequeno esforço, construiu a fundação do seu sucesso. A resiliência foi o que levantou você após cada queda, e a garra foi a chama inabalável que iluminou o seu caminho nas noites mais escuras.

Quando você olha para trás e vê as batalhas que enfrentou, percebe a força que reside em você. Cada cicatriz e cada ruga de preocupação contam a história de alguém que não desistiu, que lutou com coragem e paixão até superar determinado problema. Essas histórias são a prova de que você é capaz de superar qualquer obstáculo, de se levantar mais forte a cada vez que a vida derrubar você. Acredite no seu poder, na profundidade da sua resiliência e na imensidão da sua garra.

A psicóloga estadunidense Angela Duckworth, no inspirador livro *Garra: o poder da paixão e da perseverança*,[26] mostra que a verdadeira força não vem apenas do talento, mas também da determinação incansável e da paixão pelo que fazemos. A autora revela que aqueles que alcançam o sucesso extraordinário não são necessariamente os mais talentosos, e sim os que têm a combinação única de paixão e perseverança. Ela chama isso de garra, que é o que nos mantém avançando, mesmo quando os desafios parecem insuperáveis.

Duckworth ensina que a garra pode ser cultivada, porque não é algo com que nascemos, e sim uma habilidade que podemos desenvolver por meio da prática contínua e do comprometimento. Cada vez que você escolhe persistir, mesmo diante das adversidades, está fortalecendo a sua garra. Ao incorporar essas lições na sua vida, você se torna capaz de enfrentar qualquer obstáculo com uma determinação inabalável.

Para fortalecer essa característica de modo prático, Duckworth explica que a garra é composta de dois elementos essenciais: paixão e perseverança. Ter talento pode ajudar, mas o esforço é o que transforma o talento em habilidade e a habilidade em realização. Pessoas

---

[26] DUCKWORTH, A. **Garra**: o poder da paixão e da perseverança. São Paulo: Intrínseca, 2016.

Constância, resiliência e garra

com mentalidade de crescimento acreditam que podem desenvolver habilidades com esforço e aprendizado, e isso promove a resiliência inabalável diante dos desafios.

Além da paixão, o propósito é essencial. Pessoas com garra muitas vezes sentem que o trabalho que realizam contribui para algo maior do que elas mesmas. Por isso, encontrar um propósito no trabalho e alinhar objetivos pessoais com esse propósito fortalece a motivação. Em resumo, o sucesso não é apenas uma questão de sorte ou talento inato, mas também de trabalho árduo, dedicação contínua e um profundo senso de propósito.

Finalmente, lembre-se de que você não está sozinho nessa jornada. Todos nós, na nossa essência humana, compartilhamos a luta pela constância, a batalha pela resiliência e a busca pela garra. Sinta-se conectado a essa rede invisível de almas corajosas, todas caminhando lado a lado com você. Aja com o coração, persevere com paixão e celebre cada pequena vitória, sabendo que você está construindo uma vida extraordinária, uma ação de cada vez.

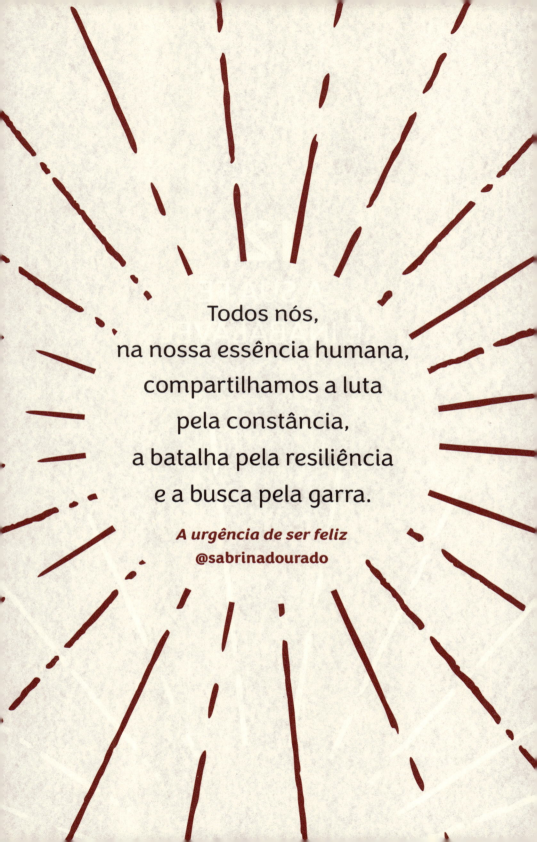

Todos nós,
na nossa essência humana,
compartilhamos a luta
pela constância,
a batalha pela resiliência
e a busca pela garra.

A urgência de ser feliz
@sabrinadourado

12.
A SUA FÉ É INABALÁVEL

A **fé inabalável é uma força poderosa que nos guia e sustenta** nos momentos mais difíceis. É a crença profunda em algo maior do que nós mesmos, uma confiança inquebrantável de que, independentemente dos desafios que enfrentamos, há um propósito e um caminho a seguirmos. Desenvolver uma fé inabalável é essencial para vivermos plenamente e alcançarmos a verdadeira felicidade, é como um estilo de vida irresistível: uma vez que você tenha a fé como a sua aliada, tudo à sua volta será novo e diferente.

Ao contrário do que muitos pensam, a fé não se limita a contextos religiosos, já que ela se manifesta de várias maneiras. Pode ser a crença nas suas próprias capacidades, a confiança nos seus sonhos e objetivos ou a esperança em um futuro melhor. Ter uma fé inabalável é o que nos mantém firmes quando tudo ao nosso redor parece desmoronar, nos lembrando de que há luz mesmo nas noites mais escuras.

Para construir uma fé inabalável, é fundamental nutrir o seu espírito e a sua mente todos os dias. Isso pode ser feito através da meditação, da oração, da leitura de textos inspiradores ou simplesmente de momentos de reflexão silenciosa. Esses hábitos fortalecem a sua conexão com as suas crenças mais profundas e renovam a sua força interior. Costumo dizer que a fé é treinável, e eu adoro desenvolvê-la com leituras, palestras, pregações, filmes e, em especial, a oração.

Eu gosto muito da passagem bíblica de Mateus 11:28: "Venham a mim, todos os que estão cansados e sobrecarregados, e eu lhes darei descanso".[27] Com ela, eu desejo que você possa encontrar alívio para

---

[27] BÍBLIA. Mateus 11:28. Disponível em: https://www.bibliaonline.com.br/nvi/mt/11. Acesso em 25 mar. 2025.

as suas dores e adversidades, permita-se ser invadido por satisfação, frescor de vida e novidade de Deus na sua trajetória. Eu posso assegurar: a felicidade não vai mais esperar, porque ela está aí com você.

Ao reconhecer e agradecer as bênçãos e os aprendizados da sua vida, você reforça a crença de que há sempre algo positivo pelo que lutar. A gratidão transforma a sua perspectiva e permite que você veja além dos obstáculos imediatos. Quando enfrentamos dificuldades, é fácil duvidar e desanimar, mas é nesses momentos que a sua fé precisa ser mais forte. Enfrentar os desafios com coragem e esperança é o que permite que você os supere e cresça. A resiliência é um componente essencial da fé.

Comunidades de fé, grupos de apoio e amigos próximos podem oferecer encorajamento e fortalecer a sua determinação ao fomentar a sua rotina de felicidade e fazer você se sentir vivo. Compartilhar as suas experiências e ouvir as histórias de superação de outras pessoas pode reforçar a sua fé e criar um senso de pertencimento e apoio mútuo. A fé também se alimenta de histórias inspiradoras, que servem como lembretes poderosos de que, com fé e determinação, tudo é possível. Ler sobre pessoas que superaram grandes adversidades ou que alcançaram feitos extraordinários fortalece a sua crença nas suas próprias capacidades.

A fé não é uma crença cega, ela é apoiada pela ação. Demonstrar fé por meio das suas ações diárias fortalece a sua crença e mostra ao universo que você está comprometido com os seus objetivos. A ação é a expressão tangível da fé, então cada passo dado com confiança e propósito reforça a sua fé interior. Como está referendado em Hebreus 11:1, "Ora, a fé é a certeza daquilo que esperamos e a prova das coisas que não vemos".[28]

---

[28] BÍBLIA. Hebreus 11:1. Disponível em: https://www.bibliaonline.com.br/nvi/hb/11. Acesso em: 25 mar. 2025.

Os frutos das suas ações podem não ser imediatos, por isso a confiança de que estão a caminho é crucial, assim como muitas vezes requer paciência. Cultivar a paciência e a persistência ajuda a manter a sua fé firme enquanto você trabalha em direção aos seus objetivos. Enfrentar o medo com fé também é uma das maiores provas de coragem, porque ela nos dá a força para enfrentar os nossos bloqueios e nos faz acreditar que somos capazes de superar qualquer desafio que surgir no caminho.

A espiritualidade, em qualquer forma que se apresente, é um pilar essencial da fé inabalável. Conectar-se com algo maior que você – seja Deus, o universo ou uma energia superior – proporciona um senso de propósito e direção. Esse pertencimento alimenta a alma e renova a esperança, que é essencial para manter a fé viva. Porém, a fé é um processo contínuo de renovação. Assim como a vida é uma jornada de constante crescimento, a sua fé também deve ser cultivada e renovada regularmente, com tempo para refletir sobre as suas crenças, ajustar a sua perspectiva e fortalecer a sua conexão com o que é mais importante e divino para você.

Quando tudo parece perdido, é a fé que nos dá a coragem para seguir em frente, já que ela é muitas vezes forjada nas situações mais difíceis. Grandes momentos de crise podem se tornar os maiores catalisadores de crescimento e transformação se enfrentados com a mente aberta e o coração cheio de fé. Partilho com você um trecho bíblico, que está em Josué 1:9 e funciona como um mantra na minha vida: "Não fui eu que ordenei a você? Seja forte e corajoso! Não se apavore nem desanime, pois o Senhor, o seu Deus, estará com você por onde você andar".[29]

---

[29] BÍBLIA. Josué 1:9. Disponível em: https://www.bibliaon.com/versiculo/josue_1_9. Acesso em: 4 dez. 2024.

A fé nos ensina a soltar a direção e confiar no processo. Nem sempre podemos prever ou controlar os resultados das nossas ações, então a fé nos leva a confiar que tudo se desenrolará da melhor maneira possível. Essa entrega é libertadora e nos permite viver com mais leveza e paz de espírito e nos impulsiona a buscar sempre o melhor em nós mesmos e nos outros. Ela nos encoraja a ver além das imperfeições e a acreditar no nosso próprio potencial de transformação e crescimento, considerando que essa visão positiva e esperançosa é um farol que guia as nossas ações e nos mantém no caminho do bem.

A prática regular da visualização positiva também é uma poderosa ferramenta para fortalecer a sua fé. Mentalizar os seus objetivos e sonhos como já realizados cria uma poderosa crença na sua mente subconsciente, alinhando as suas ações e intenções para manifestar esses desejos. Por isso, nunca subestime o poder da oração ou da meditação, porque esses momentos de conexão profunda consigo mesmo e com o universo recarregam as suas energias e renovam a sua fé. Eles são um lembrete constante de que você não está sozinho e que há uma força maior apoiando a sua jornada.

Faça da fé uma escolha diária. Escolha acreditar, mesmo quando os sinais ao seu redor parecerem contrários. Escolha agir com coragem, mesmo quando o medo tentar dominar você. Escolha nutrir a sua alma, mesmo quando a vida ficar agitada. A sua fé inabalável iluminará sempre o seu caminho, guiando você em direção a uma vida de realização e propósito.

A fé de Jesus não foi apenas uma fonte de força para Ele, mas também um exemplo vivo para os discípulos dEle e para todos nós. Ele nos mostrou que a fé faz acreditar em tempos de paz e prosperidade, assim como confiar inabalavelmente durante as tempestades da vida. Em João 14:27, Jesus nos conforta: "Deixo a paz a vocês; a minha paz dou a vocês. Não a dou como o mundo a dá. Não se

A urgência de ser feliz

perturbe o seu coração, nem tenham medo".[30] Essa paz, que vem de uma fé profunda e inabalável, é um presente que todos podemos cultivar na vida diária.

Para desenvolver uma fé inabalável, é essencial praticar a presença de Deus em todos os momentos. Jesus ensinou que Deus está sempre conosco e que podemos fortalecer a nossa fé ao reconhecermos e buscarmos essa presença. Em Mateus 28:20, Ele assegura: "[...] E eu estarei sempre com vocês, até o fim dos tempos".[31] Saber que não estamos sozinhos e que Deus caminha conosco em cada passo da nossa jornada nos dá a coragem para enfrentar qualquer desafio com confiança e serenidade.

Para colocar essa fé em prática, reserve alguns minutos do seu dia para uma atividade simples, mas poderosa: a meditação de confiança. Encontre um lugar tranquilo onde você possa se sentar confortavelmente. Feche os olhos e respire fundo algumas vezes. Concentre-se em uma frase poderosa ou citação bíblica que ressoe com você e o seu propósito. A minha preferida é Mateus 17:20: "[...] Eu asseguro que, se vocês tiverem fé do tamanho de um grão de mostarda, [...] Nada será impossível para vocês".[32] Repita a citação na sua mente e visualize uma luz brilhante que cresce dentro de você e simboliza a sua fé. Sinta essa luz preencher o seu coração com paz e confiança. Faça essa prática diariamente, permitindo que ela fortaleça a sua fé e lhe traga um senso de tranquilidade e propósito, independentemente das circunstâncias ao seu redor.

---

[30] BÍBLIA. João 14:27. Disponível em: https://www.bibliaon.com/versiculo/joao_14_27. Acesso em: 4 dez. 2024.

[31] BÍBLIA. Mateus 28:20. Disponível em: https://www.bibliaon.com/versiculo/mateus_28_20. Acesso em: 4 dez. 2024.

[32] BÍBLIA. Mateus 17:20. Disponível em: https://www.bibliaon.com/versiculo/mateus_17_20. Acesso em: 4 dez. 2024.

13.
A ARTE
DE CELEBRAR

A vida moderna muitas vezes nos deixa tão ocupados que nos esquecemos de celebrar. No entanto, é precisamente nesses momentos de correria que a celebração se torna ainda mais necessária. Reservar um tempo para reconhecer e honrar as suas vitórias ajuda a manter o equilíbrio e a perspectiva, lembrando que a vida é feita de mais do que apenas trabalho e responsabilidades. Aprender a celebrar ajuda a encontrar significado e crescimento em tempos de desafio, em que cada dificuldade superada é uma vitória que merece ser reconhecida. Celebrar esses momentos nos fortalece e nos prepara para enfrentar futuros desafios com mais confiança.

Muito mais do que comemorar eventos marcantes e grandes conquistas, essa é uma prática diária de gratidão e reconhecimento das pequenas vitórias e de momentos especiais que compõem a nossa vida. A arte de celebrar nos convida a viver com mais presença, alegria e apreciação por tudo o que nos rodeia.

Diversas vezes, ficamos tão focados nos objetivos futuros que nos esquecemos de valorizar o presente. Cada dia traz consigo motivos para celebrar – um sorriso, um gesto de bondade, um desafio superado –, então aprender a reconhecer e honrar esses momentos enriquece a nossa jornada e nos conecta com a beleza da vida.

Além disso, a prática de celebrar fortalece relacionamentos. Quando você compartilha as suas alegrias com os outros, cria laços mais profundos e significativos. Cada celebração compartilhada é uma oportunidade de construir memórias e fortalecer os vínculos de amor e amizade que sustentam você. Celebrar também é uma forma de autocuidado, um lembrete de que merecemos pausas, momentos de alegria e tempo para nos reconectarmos com o que realmente importa. Quando nos permitimos celebrar, estamos cuidando da nossa saúde mental e emocional, cultivando uma atitude positiva e resiliente.

Ainda, a celebração pode ser considerada uma expressão de fé. Confiar em algo maior nos permite entender cada dia como um presente e cada momento como uma bênção. Celebrar é uma maneira de reconhecer e honrar essa fé, vivendo com gratidão e alegria. Quando reconhecemos e agradecemos as nossas bênçãos, estamos, na verdade, celebrando-as. Esse ato de gratidão transforma a nossa perspectiva e nos ajuda a perceber o mundo de modo mais gentil e apreciativo. Cada realização, não importa o quão modesta seja, é um testemunho da sua capacidade e da sua determinação. Honre essas conquistas com a celebração que elas merecem receber.

Em um mundo cheio de desafios e dificuldades, escolher celebrar alimenta a coragem e a esperança, uma afirmação de que, apesar das adversidades, há sempre algo pelo qual ser grato e feliz. A celebração também tem um papel crucial no desenvolvimento pessoal: reconhecer e celebrar os progressos motiva a continuar crescendo e aprendendo. Cada celebração é um marco que sinaliza quanto você avançou na sua jornada. Celebrar é um ato de resistência contra a negatividade.

Celebrações não precisam ser grandiosas nem elaboradas. Um jantar simples com amigos, uma caminhada ao ar livre ou mesmo um momento de silêncio para apreciar a natureza podem ser maneiras poderosas de celebração. Essa arte também pode ser cultivada em rituais pessoais, que podem ser tão simples quanto acender uma vela em agradecimento no fim do dia, manter um diário de gratidão e até dançar ao som da sua música favorita. O importante é a intenção por trás do ato: um reconhecimento consciente do que há de bom na nossa vida. Esses pequenos rituais geram um senso de continuidade e alegria para a vida cotidiana.

> **Celebrar as iniciativas e o progresso que fazemos nos mantém motivados e comprometidos com os nossos objetivos. Cada ação bem-sucedida é uma oportunidade de celebrar e reforçar a nossa confiança na nossa capacidade de prosperar. Quando celebramos as nossas vitórias e bênçãos, inspiramos os outros a fazerem o mesmo e nossa alegria se torna contagiante, criando um círculo de positividade e esperança ao nosso redor.**

Nunca subestime o poder de uma celebração simples. Um sorriso, um abraço, um brinde à vida... esses gestos podem parecer pequenos, mas têm um impacto profundo no nosso bem-estar e na nossa conexão com os outros. São esses momentos de celebração que enchem a nossa vida de significado e alegria, sendo um convite para viver de modo mais consciente e presente. É um chamado para parar, respirar e apreciar a beleza e a magia de cada momento. Ao dominar essa arte, nos tornamos mais conectados, mais gratos e, acima de tudo, mais felizes.

A ciência tem mostrado que a prática da celebração pode ter um impacto significativo na química do cérebro. Estudos citados por Loretta Breuning, autora de *Habits of a Happy Brain* (*Hábitos de um cérebro feliz*, em tradução livre) indicam que, ao celebrar, o nosso cérebro libera neurotransmissores como dopamina, serotonina e oxitocina, que são conhecidos como "substâncias químicas da felicidade".[33] Ao celebrar, ativamos esses neurotransmissores, o que aumenta a nossa sensação de felicidade e satisfação.

Além dos benefícios químicos no cérebro, a celebração tem um impacto positivo na qualidade de vida. Shawn Achor, no livro *The Happiness Advantage* (*A vantagem do cérebro feliz*, em tradução livre), discute como a gratidão e a celebração regular podem melhorar a nossa saúde física e mental.[34] O pesquisador argumenta que pessoas que praticam a gratidão e celebram as próprias vitórias experimentam menos estresse, melhoram a imunidade e têm maior resiliência emocional. Isso ocorre porque a celebração e a gratidão ajudam a reconfigurar o nosso cérebro para focar o positivo, reduzindo os efeitos negativos do estresse crônico.

Outro impacto profundo da celebração acontece na nossa felicidade geral. Martin Seligman, um dos fundadores da psicologia positiva, destaca no livro *Flourish* (*Florescer*, em tradução livre) que a celebração e a gratidão são componentes-chave para construir uma vida plena e significativa.[35] O renomado autor explica que, ao reconhecermos e celebrarmos as nossas conquistas e bênçãos, cultivamos emoções positivas que contribuem para uma maior satisfação com a vida e um senso mais profundo de realização pessoal.

A celebração também é um princípio valorizado em diversas doutrinas espirituais e religiosas que veem a gratidão e a alegria como elementos essenciais para uma vida plena. O teólogo e escritor Henri Nouwen, no livro *Life of the Beloved* (*A vida de quem é*

---

[33] BREUNING, L. G. **Habits of a Happy Brain**: Retrain Your Brain to Boost Your Serotonin, Dopamine, Oxytocin, & Endorphin Levels. New York: Adams Media, 2015.

[34] ACHOR, S. **The Happiness Advantage**: How a Positive Brain Fuels Success in Work and Life. New York: Crown Currency, 2018.

[35] SELIGMAN, M. E. P **Flourish**: A Visionary New Understanding of Happiness and Well-Being. New York: Free Press, 2012.

amado, em tradução livre), fala sobre a importância de viver com o coração agradecido, celebrando cada momento como uma dádiva.[36] Nouwen indica que a verdadeira felicidade é uma constante celebração, uma contínua "dança" da vida que recebemos. Precisamos celebrar para lembrar constantemente que somos amados e que a vida é um presente divino. Então incorporar a celebração na vida não é apenas uma escolha pessoal, mas também um ato que reflete uma compreensão mais profunda do valor da vida e da nossa capacidade de encontrar alegria em todas as circunstâncias.

Para começar a cultivar a arte de celebrar na sua vida, proponho algumas atividades simples que podem ser incluídas no seu dia a dia.

- Jornal de celebrações: toda noite, escreva três coisas que você celebrou durante o dia. Pode ser uma tarefa concluída, um momento de alegria e até um desafio superado. Reflita sobre esses momentos e sinta gratidão a cada um deles. Com o tempo, você perceberá que a prática de celebrar se tornará uma segunda natureza, trazendo mais felicidade e realização para a sua vida diária.
- Desafio da semana de celebração: durante uma semana, desafie-se a celebrar algo novo a cada dia. Comece o dia identificando um aspecto da sua vida pelo qual você é grato e planeje uma pequena celebração, que pode ser uma pausa para um café especial, um telefonema para um amigo querido ou um momento de reflexão pessoal. Faça essas anotações no seu jornal de celebrações e observe como essa prática impacta o seu bem-estar e a sua perspectiva.

---

[36] NOUWEN, H. J. M. **Life of the beloved**: Spiritual Living in a Secular World. Chestnut Rigde: Crossroad, 2002.

- Atividade de gratidão compartilhada: organize um encontro com amigos ou familiares no qual cada pessoa compartilhe uma conquista ou algo pelo qual está grata. Pode ser um jantar, uma videoconferência ou um piquenique, o importante é criar um espaço seguro e acolhedor onde todos possam celebrar juntos. Compartilhar as suas vitórias e ouvir as dos outros fortalece os laços e cria um ambiente de apoio mútuo.
- Celebração dos pequenos passos: escolha uma área da sua vida que você está trabalhando para melhorar e celebre cada pequeno progresso nessa área. Por exemplo, se você está tentando adotar hábitos alimentares mais saudáveis, comemore cada refeição nutritiva com uma atividade que você gosta, como ler um capítulo de um livro ou assistir a um episódio da sua série favorita.
- Ritual de celebração matinal: comece cada manhã com um ritual de celebração para definir um tom positivo para o dia. Reserve cinco minutos para listar três coisas pelas quais você é grato e três coisas que deseja celebrar. Esse ritual matinal de celebração cria um estado mental positivo que influencia como você enfrenta o resto do dia.

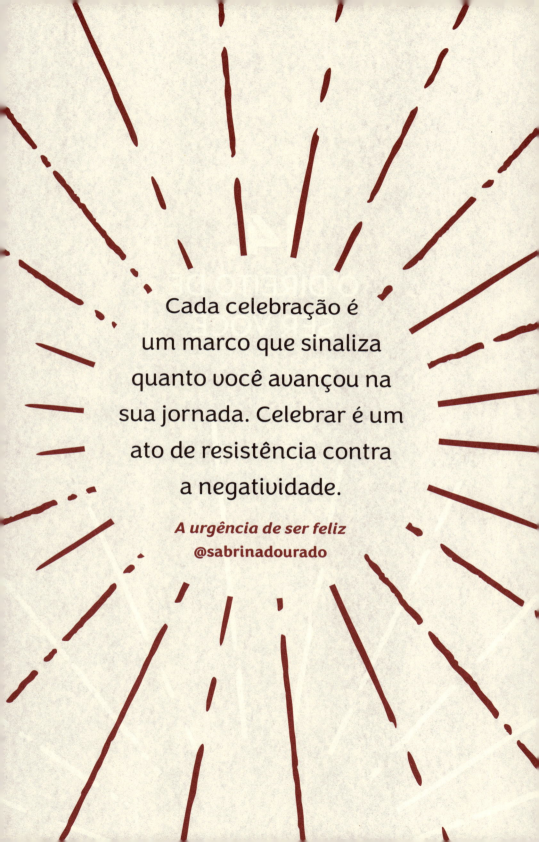

Cada celebração é um marco que sinaliza quanto você avançou na sua jornada. Celebrar é um ato de resistência contra a negatividade.

A urgência de ser feliz
@sabrinadourado

14.
O DIREITO DE SER VOCÊ

Em um mundo repleto de expectativas sociais e pressões externas, viver de acordo com a sua verdadeira essência é um caminho para a felicidade genuína, um convite para abraçar quem você realmente é, sem máscaras ou disfarces. Acredito que estamos agora em uma jornada em que precisamos nos dar esse direito. Concorda?

Desde muito jovens, somos ensinados a nos conformar com padrões e normas que muitas vezes não refletem a nossa verdadeira natureza. Esses condicionamentos nos afastam da nossa autenticidade e nos fazem questionar quem realmente somos. Sendo assim, o direito de ser você é a liberdade de romper com esses padrões e se reconectar com a sua essência, porque essa reconexão traz vida, pulsação para ir além e felicidade até nas coisas e nos acontecimentos mais simples.

A jornada para ser você começa com o autoconhecimento, como já vimos. Ao explorar as suas paixões, os seus valores e as suas crenças, você começa a entender o que realmente importa na sua jornada. Então, ocupe-se apenas do que de fato importa, combinado? Esse processo pode ser desafiador, mas é essencial para viver uma vida plena e significativa. Você será mais feliz, evitará perda de tempo e de energia vital, gastos desnecessários, bem como preservará a sua saúde física, emocional e espiritual.

Muitas vezes, temos medo de nos mostrar ao mundo como realmente somos, queremos pertencer e ser amados a qualquer custo. O medo do julgamento, da rejeição e da crítica pode nos paralisar. Antes, isso poderia ser verdade, não é mesmo? Agora, não mais.

165

Não esqueça que a verdadeira liberdade vem quando você abraça a sua vulnerabilidade e aceita que você é suficiente sendo exatamente como é. Não há nada como **ser você**.

O direito de ser você é inalienável. Ninguém mais pode definir quem você é ou deve ser. Este é um chamado para você viver de acordo com os seus próprios termos, honrando a sua individualidade e a sua autenticidade. No seu lugar no mundo, na sua família e dentro de si mesmo.

Ser você não significa ser perfeito. Significa aceitar as suas imperfeições e entender que elas fazem parte de quem você é. É ser treinável, mas não manipulável. É ser alguém que se disponibiliza a aprender, acessar novos saberes, mas não se permite viver em meio à enganação ou à ilusão. Tem senso crítico, está desperto e tem ampla consciência do que o circunda no mundo interno e externo. A beleza está na singularidade, e cada aspecto seu, bom ou ruim, contribui para a pessoa única que você é.

Já consigo ver você brilhando e espalhando felicidade como uma nova onda que invade você, o seu lar, o seu trabalho, o seu bairro, a sua cidade e o seu estado, porque ser você envolve usar esses talentos de maneira autêntica, contribuindo para o mundo de um modo que só você pode fazer. Posso contar com você nessa empreitada?

> **Viver a sua verdade é revolucionário. Em uma sociedade que muitas vezes promove a conformidade, ser você é um ato de resistência sublime. É declarar ao mundo que você não será moldado pelas expectativas alheias, e sim viverá a sua vida com integridade e autenticidade.**

A urgência de ser feliz

A autenticidade é magnética. Quando você se permite ser quem realmente é, atrai pessoas e oportunidades alinhadas com a sua verdadeira essência. A sua vibração autêntica cria conexões genuínas e significativas, por isso é tão importante valorizar a si mesmo. Parte desse cuidado é se permitir ser você, sem se desculpar por isso. Quando você se ama e se aceita plenamente, a necessidade de validação externa diminui e você encontra paz interior. Nesse caminho, não se esqueça de que a autenticidade exige prática, e uma habilidade que você desenvolve ao longo do tempo, por meio de pequenas ações diárias. Cada vez que escolhe ser verdadeiro consigo mesmo, você fortalece a sua capacidade de viver autenticamente.

O direito de ser você inclui a liberdade de expressar as suas emoções. Muitas vezes, reprimimos os nossos sentimentos por medo de sermos julgados. No entanto, expressar as suas emoções de maneira saudável é fundamental para o seu bem-estar emocional e mental. A aceitação de si mesmo é um componente essencial da autenticidade, porque, quando aceita quem é, com todas as suas falhas e virtudes, você se liberta das expectativas irrealistas e do perfeccionismo alheio. Essa aceitação permite viver de modo mais leve e livre.

Ser você também significa definir e defender os seus limites. Muitas vezes, permitimos que os outros ultrapassem os nossos limites por medo de os desagradar. Porém, estabelecer e manter limites saudáveis é essencial para proteger a sua integridade e o seu bem-estar. Isso porque a autenticidade é contagiante. Quando vive de acordo com a sua verdade, você inspira os outros a fazerem o mesmo. A sua coragem de ser você pode ser o catalisador para que outros encontrem e expressem a própria autenticidade.

A seguir, indicarei alguns exercícios e práticas que considero fundamentais para a caminhada do autodesenvolvimento. Tente aplicá-los na sua rotina de modo que virem hábitos.

- Viver autenticamente requer coragem e também exige resiliência. É a determinação de permanecer fiel a si mesmo, mesmo diante das adversidades. Para ajudar a fortalecer a sua autenticidade, proponho uma atividade prática: o mapa da autenticidade. No espaço da página seguinte, escreva palavras e frases que descrevam quem você é e o que você valoriza. Reflita sobre como essas qualidades e esses valores se manifestam na sua vida diária. Sempre revise esse mapa e use-o como um lembrete para viver autenticamente.
- Comece um diário dedicado à sua jornada de autenticidade. Todos os dias, escreva sobre momentos em que você se sentiu verdadeiramente você mesmo, sem se preocupar com o julgamento dos outros. Reflita sobre o que fez você se sentir assim e como pode criar mais desses momentos. Esse exercício diário ajudará a reforçar a sua identidade e a fortalecer o seu compromisso de ser autêntico.
- Escreva uma declaração pessoal sobre o que significa, para você, ser autêntico. Inclua as suas principais qualidades, os seus valores e as suas aspirações. Leia essa declaração todos os dias, ao acordar e antes de dormir. Esse hábito afirmará a sua identidade e lhe dará um senso de propósito e direção, guiando as suas ações diárias de acordo com quem você realmente é.
- Peça a três pessoas de confiança que descrevam as qualidades que mais admiram em você. Use esse feedback para refletir sobre como essas qualidades se manifestam na sua vida diária e como você pode valorizá-las ainda mais. Esse exercício não só fortalecerá a sua autopercepção como também lhe dará uma perspectiva externa valiosa sobre a sua autenticidade e como ela é percebida pelos outros.

TER CLAREZA E UM PLANO DE URGÊNCIA

A clareza sobre quem você é e o que deseja alcançar é a base para viver de maneira autêntica. No entanto, apenas clareza não basta: é necessário transformar intenções em ações urgentes e direcionadas. Para isso, comece identificando o que realmente importa. Pergunte-se: "Se eu tivesse apenas um ano para viver, o que eu faria diferente hoje?". Esse questionamento ajuda a eliminar distrações e a priorizar metas e sonhos que muitas vezes são adiados pela rotina ou pelo medo.

Com essa reflexão em mente, crie um plano, estabelecendo objetivos claros e prazos definidos. Metas grandiosas podem parecer inalcançáveis, mas, quando divididas em pequenos passos, tornam-se mais viáveis e motivadoras. Cada avanço, por menor que pareça, deve ser reconhecido e celebrado, pois a consistência é o que gera a transformação.

No entanto, viver com urgência não significa agir de maneira rígida ou inflexível. A vida é dinâmica e nem sempre segue o caminho planejado, por isso é essencial manter-se adaptável. Ajustar a rota quando necessário não significa desistir, e sim encontrar novos jeitos de continuar avançando sem perder de vista a sua essência e os seus valores. Ter clareza e agir com urgência é o que transforma intenções em realidade e aproxima você de uma vida mais plena e significativa.

REABASTECER O SEU CAMPO ÍNTIMO COM SEGURANÇA

A autenticidade floresce quando encontramos um estado de equilíbrio e força interior, o que exige um reabastecimento constante das nossas energias físicas, emocionais e espirituais de modo sustentável. Criar momentos de solitude é essencial para fortalecer essa conexão com a própria essência, permitindo tempo para refletir, meditar ou simplesmente estar consigo mesmo.

Além disso, estabelecer limites saudáveis nos relacionamentos protege a energia pessoal e evita desgastes emocionais desnecessários. O autocuidado também desempenha um papel significativo nesse processo, pois, ao priorizar a saúde física, mental e emocional por meio de práticas que trazem prazer e bem-estar, reforçamos a nossa capacidade de viver com autenticidade e plenitude.

Cuidar da autenticidade vai além de momentos de introspecção e proteção da energia emocional. Também envolve a coragem de expressar quem realmente somos, sem medo da rejeição ou da necessidade de agradar constantemente. Muitas vezes, deixamos de ser autênticos por medo do julgamento alheio, mas quanto mais alinhamos as nossas ações com os nossos valores e desejos genuínos, mais nos sentimos fortalecidos. Esse alinhamento não significa agir sem empatia ou de maneira inflexível, e sim ter a clareza de que a nossa verdade não deve ser moldada apenas pelas expectativas externas.

Viver com autenticidade também exige presença e autoaceitação. É fácil se perder em rotinas aceleradas e demandas externas, então reservar momentos para se reconectar consigo mesmo é fundamental. A autenticidade é um processo contínuo de se permitir evoluir, respeitando os próprios ciclos e aprendizados. Quanto mais nos comprometemos com esse processo, mais fortalecemos a nossa identidade e construímos relações e experiências que refletem quem realmente somos.

CASES DE SUPERAÇÃO EM HISTÓRIAS INSPIRADORAS

Ana era uma executiva talentosa, reconhecida pelo bom trabalho e pela dedicação, mas, por trás das conquistas, sentia-se constantemente inadequada. A cada novo desafio, questionava as próprias habilidades, acreditando que, a qualquer momento, seria "descoberta" como uma fraude. O reconhecimento externo nunca parecia suficiente para afastar a sensação de que ela não era boa o bastante.

Determinada a romper esse ciclo, Ana mergulhou em um processo profundo de autoconhecimento. Com o tempo, aprendeu a diferenciar as conquistas reais dos medos infundados, a reconhecer o próprio valor sem depender da validação externa e a ressignificar a autocrítica. Hoje, lidera com confiança, equilíbrio e a certeza de que merece cada conquista. Mais do que ter superado a síndrome da impostora, Ana se tornou uma referência para outras mulheres, mostrando que o verdadeiro sucesso começa na maneira como enxergamos a nós mesmos.

Marcos viu a vida desmoronar em um curto espaço de tempo. O fim do casamento e a perda do emprego geraram instabilidade financeira e um intenso questionamento acerca de propósito. Por meses, sentiu-se perdido, sem direção, até que, em meio ao caos, redescobriu algo que sempre lhe trouxe alegria: a fotografia.

O que começou como uma distração logo se transformou em um novo caminho. Com resiliência, Marcos investiu no aprimoramento dessas habilidades, construiu uma nova rede de contatos e, pouco a pouco, transformou a paixão em profissão. Hoje, além de superar um período difícil, ele celebra a autenticidade dessa jornada e o sucesso que recebeu ao escolher se reconstruir a partir daquilo que realmente ama.

TORNANDO-SE PREENCHIDO, FELIZ E IMUNE

A verdadeira realização vem de conquistas externas, assim como do alinhamento entre aquilo que fazemos e aquilo que realmente somos. O preenchimento surge quando as nossas ações diárias refletem os nossos valores mais profundos, quando nos permitimos viver com propósito e significado. Em vez de buscar satisfação apenas em grandes marcos, encontre-a no processo, no aprendizado e na contribuição que você gera ao seu redor. Fazer o que traz alegria não é um luxo, é uma necessidade para uma vida mais equilibrada e autêntica.

A felicidade, por sua vez, é um estado cultivado no presente. Muitas vezes, adiamos a sensação de estar completos esperando que algo aconteça: um novo emprego, um relacionamento, um reconhecimento. Mas a felicidade se constrói na gratidão pelo que já temos. Valorize as pequenas alegrias do cotidiano, os momentos de conexão e as oportunidades de crescimento. Como costumo dizer: "O presente é mesmo um grande presente". Quando aprendemos a enxergar a beleza no agora, criamos uma base sólida para um bem-estar duradouro.

Por fim, desenvolver imunidade emocional significa libertar-se da necessidade de validação externa e fortalecer a confiança na própria jornada. Nem sempre as pessoas compreenderão as suas escolhas ou reconhecerão o seu valor, mas isso não deve definir a sua autoestima. A resiliência emocional nasce quando você se torna o próprio referencial de sucesso, compreendendo que cada caminho é único e que a verdadeira força vem de dentro. Ao se preencher, encontrar felicidade no presente e construir essa imunidade emocional, você se torna inabalável diante dos desafios e dono da própria história.

CLAREZA E SUSTENTAÇÃO NOS RELACIONAMENTOS

Construir relacionamentos saudáveis exige clareza sobre as nossas expectativas e a capacidade de sustentar o nosso equilíbrio emocional sem depender exclusivamente do outro para nos sentirmos completos. Para isso, é essencial reconhecer padrões que podem estar prejudicando a sua energia e o seu bem-estar. Relacionamentos tóxicos, pessoais ou profissionais, podem drenar a sua vitalidade e limitar o seu crescimento. Identificar essas dinâmicas e estabelecer limites é um ato de respeito próprio e um passo fundamental para viver relações mais equilibradas.

Nesse sentido, cultivar conexões mutuamente enriquecedoras fortalece a sua jornada. Cercar-se de pessoas que compartilham os seus valores, apoiam o seu crescimento e celebram as suas conquistas cria um ambiente de troca genuína e inspiração mútua. Essas relações são pilares que sustentam a nossa evolução e nos ajudam a enfrentar desafios com mais leveza.

A base de qualquer relacionamento sólido é a comunicação autêntica. Praticar a escuta ativa e expressar os seus sentimentos e as suas necessidades com clareza e respeito fortalece laços e evita desgastes desnecessários. Quando nos comunicamos com honestidade e empatia, construímos pontes, reduzimos mal-entendidos e criamos relações baseadas em confiança e conexão verdadeira.

Quero que você sempre se lembre de que a jornada para ser verdadeiramente você não é linear, e muitas vezes encontrará desafios e obstáculos, mas saiba que cada dificuldade enfrentada é uma oportunidade de crescimento e autodescoberta. À medida que você continuar a explorar e abraçar quem realmente é, descobrirá uma força interior que talvez não soubesse que tinha. Essa força o capacitará a enfrentar qualquer adversidade com resiliência e determinação.

Ao encerrar esta leitura, desejo que você internalize que viver da maneira que deve e merece é um presente que você pode dar a si mesmo todos os dias, é uma escolha diária de viver com integridade, autenticidade e alegria. Permita-se ser quem você realmente é, com todas as suas imperfeições e virtudes. E saiba que, ao fazer isso, você não só transforma a sua própria vida como também inspira aqueles ao seu redor a fazerem o mesmo. A jornada para ser você é uma das mais importantes que você pode empreender, e o resultado é uma vida vivida com plenitude e propósito.

A felicidade não é um destino distante, e sim um caminho que se constrói com cada escolha diária. A constância, a resiliência e a garra são as chaves para perseverar nos momentos difíceis e seguir em frente, mesmo quando os desafios parecerem insuperáveis. Cada obstáculo superado é uma prova da sua força interior e uma oportunidade de crescimento. Acredite em si mesmo e na sua capacidade de transformar a sua vida.

A celebração do presente é fundamental. Não podemos mais esperar para ser felizes, aguardando que as circunstâncias externas mudem. A felicidade é uma escolha que fazemos todos os dias, e a ação é o que transforma os nossos sonhos em realidade. Não adie a sua felicidade, viva-a agora.

À medida que você avançar na sua jornada, lembre-se de que a felicidade não é apenas um direito, e sim uma responsabilidade. A sua transformação pessoal tem o poder de criar um efeito dominó, espalhando positividade e esperança.

Quero expressar a minha profunda gratidão a você, leitor, por embarcar nesta jornada comigo. Espero que cada capítulo tenha ressoado com você e que as lições aprendidas aqui se traduzam em ações concretas no seu dia a dia. A vida é rara e preciosa, e você merece vivê-la plenamente, com alegria e propósito.

Desejo que você tome a sua vida nas suas mãos, assuma o controle da sua felicidade e se comprometa a espalhar essa felicidade para aqueles ao seu redor. Cada escolha que você faz tem o poder de transformar não apenas a sua vida, mas também o mundo à sua volta. Que você encontre a coragem de ser você mesmo, celebre cada momento e viva com um coração cheio de gratidão e amor.

Não espere mais, porque a hora de ser feliz é agora!

Este livro foi impresso
pela Gráfica Bartira em papel
pólen bold 70 g/m²
em maio de 2025.